슬픔이여, 안녕

슬픔이여, 안녕

2013. 10. 25. 1판 1쇄 인쇄
2013. 10. 30. 1판 1쇄 발행

지은이 | 유재원
펴낸이 | 이종춘
펴낸곳 | BM 성안당
주소 | 121-838 서울시 마포구 양화로 127 첨단빌딩 5층(출판기획 R&D 센터)
413-120 경기도 파주시 문발로 112(제작 및 물류)
전화 | 02)3142-0036
031)955-0511
팩스 | 031)955-0510
등록 | 1973. 2. 1. 제13-12호
출판사 홈페이지 | www.cyber.co.kr
ISBN | 978-89-315-7708-2 (03810)
가격 | 9,800원

이 책을 만든 사람들
주간 | 이호준
진행 | 에크리
북디자인 | 양선애
제작 | 김유석

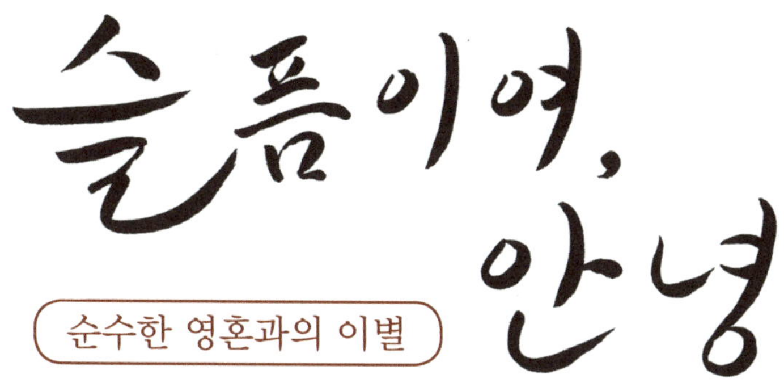

유재원 지음

BM 책문

들어가면서

《슬픔이여, 안녕!》은 프랑수아즈 사강Françoise Sagan(1935~2004), 프랑스의 여류 소설가이자 극작가의 소설 제목으로 원래는 '슬픔이여, 안녕하세요?'라는 의미로 앞으로 슬픔을 친숙한 것으로 삼아 매일 인사 나누며 살아가겠다는 의지의 표명입니다. 그런 생각으로 책 제목을 정했습니다.

평생을 함께했던 사랑하는 사람을 잃는 것은 여행 중에 길동무가 훌쩍 떠나는 것처럼 허전한 것입니다. 그런 마음을 짧은 시로 써 보았습니다.

길을 떠나면 우리는 축제가 된다

길을 떠나면 우리는 축제가 된다.
멀리 던져 버린 그리움이 다시 다가와 울음을 그치고,
외로움은 헤어진 여인처럼 아름답게 변신한다.

참을 수 없어 바다가 된 긴 상심들이 갑자기 자유를 외치고,
한구석에선 야윈 영혼이 비장함으로 죽음과 맞섰다.
밤새 방 안을 서성이던 허전함은
새벽녘 초췌한 그림자가 되고,
타오르미나시실리 섬 북동쪽에 있는 마을에서는 부러움이
온종일 손잡고 길거리를 쏘다녔다.

휠체어에 앉아 있는 앞날이 아득한 여행으로 되돌아간다.
로토루와뉴질랜드 북섬의 휴양지의 진흙탕이 저물어 갈 때,
손을 꼭 잡아 주던 가냘픔, 장난기 어린 산책이
석양에 물들었다.

그리운 사람, 베네치아의 아침을 기억하는가?
Partite oggi?오늘 떠나세요?
그날 우리는 기차를 미래로 몰았다.
아직도 먼 미래로……
그리고 미래는 떠나고 과거가 다가왔다.

너의 해맑은 미소를 빼앗긴 채
다정했던 나날을 되새기는 나는 지금 불행한 건가?

이 몸이 스러져야 슬픔이 비로소 끝날 것 같다.

수많은 기쁨과 즐거움, 행복을 주었던 존재와 함께 길을 떠난다.

길을 떠나면 우리는 축제가 된다.

고대 그리스인들은 먼저 떠난 사람에게 시를 바치는 것이 가장 훌륭한 추모의 방법이라고 믿었습니다. 저 역시 그 전통에 따라 아내의 영전에 이 시와 책을 바칩니다.

이제 저와 도시꼬가 할 수 있는 일은 과거를 회상하며 함께했던 시간들을 영원한 축제로 만드는 것이라고 믿습니다.

2013년 1월 15일, 수진이 생일날에

유재원

차례

1982년 여름, 카프리

1. 이별 준비

"눈물이 눈을 가린다는 말이 이런 거로구나.
난 지금 가슴이 너무 아프다.
더 이상 의지가 굳고 단호한 강한 성격의
도시꼬를 볼 수 없다는 것이 슬프다."

2012년 1월 1일 (일)

새해 첫날이라지만 전혀 기분이 나지를 않는다. 어머니 집에 들러 잠깐 차례를 지냈지만 내 머릿속에는 눈앞에 닥친 나의 불행으로 정신이 멍할 뿐 아무런 감흥도 느낄 수 없었다. 차례를 끝내고 병원으로 가니 도시꼬가 힘없이 웃으며 "왔어?" 하고 반긴다. 완화 병동으로 옮긴 지도 벌써 한 달째다. 끼니를 못 먹게 된 지도 일주일이 넘는다. 다시 상태가 좋아져서 미음이라도 넘길 수 있으면 좋을 텐데……. 파리한 안색, 지친 눈빛, 내가 알던 도시꼬의 모습은 이제는 영원히 기억의 저 건너편으로 사라져 버렸다. 그 모습이 너무 애처로워 하느님께 빨리 데려가 달라고 빌고 싶을 정도다. 그러면서도 나는 한편으로 그녀가 회복할 거라는 막연한 기대를 가지고 있다. 때로는 그런 내가 한심스럽게 느껴지기도 한다.

해가 저물어 오자 그녀가 아픈 모양인지 얼굴을 찡그린다. 고통이 시작되는 모양이다. 여간해서 아픈 내색을 하지 않는 그녀가 그런 표정을 짓는 것은 고통이 매우 심하다는 표시다. 정말 아픈 모양이다. 진통제를 맞고 잠이 드는 모양을 보고 병원을 떠나왔다. 무기력감이 몰려왔다.

1970년 5월, 연극 공연 후 친구들과 함께

도시꼬는 아내가 대학교 연극 공연에서 맡았던 〈사할린스크의 하늘과 땅〉(이재현 작)의 여자 주인공 이름이다. 나는 그때부터 아내를 도시꼬라고 불렀다. 뒷줄 오른쪽이 '나'이고, 앞줄 맨 왼쪽이 한국예술종합학교 연극원의 '김석만' 교수다.

2012년 1월 2일 (월)

《역사나 한잔 하실까요?》를 다 읽었다. 하지만 전혀 즐겁지 않다. 지금 도시꼬가 침상에서 고통스러워하며 죽어 가고 있는데 책을 읽는다는 한심한 일이나 해야 하는 내가 너무 무기력하고 바보처럼 느껴진다.

오후에 병원에 가서 카잔자키스《그리스인 조르바》를 쓴 20세기 그리스의 대문호의 소설《성자 프란체스코》를 조금 읽어 주었다. 호스피스 병동으로 온 뒤 그녀가 가장 좋아하는 소설이다. "인간의 목표는 하느님이시며 우리가 정상에 도달할 수 있는 유일한 길은 죽음뿐"이라는 성자의 말을 읽어 주었을 때 도시꼬는 씁쓸하게 웃었다. 또 "통증도 역시 기도입니다"라는 구절을 읽자 그녀는 "일부러 그 구절을 읽는 거지?" 하고 장난끼 어린 투로 내게 물었다. 나는 그런 그녀가 좋다. 죽음을 앞두고서도 한 점 흐트러짐이 없다.

내가 "만일 '죽음 형제'라는 것이 없어서 우리가 이 세상을 떠나도록 문을 열어 주지 않는다면 이 세상이 얼마나 견딜 수 없는 지옥과 같겠습니까? 우리의 몸이 얼마나 견딜 수 없는 감옥이 되겠습니까?"라는 구절을 읽을 때 도시꼬는 "참 좋다. 그지? 카잔자키스는 정말 영성에 관한 한 최고의 작가인 거 같아."라고 말했다. 그런 그녀의 말 속에서 이미 자신은 이 세상에 대한 모든 미련을 버렸다는 단호함이 느껴졌다.

며칠 전 처제가 들려준 이야기가 생각났다. 친정 어머니와 이모들, 그리고 처제들과 생애 마지막으로 고향 외갓집으로 여행을 하고 싶다 해서 함께 여행을 갔을 때, 모두가 맛있게 저녁을 먹고 난 뒤 도시꼬가 담담한 어조로 아주 침착하게 말했단다. “나는 운이 좋아서 머리 좋게 태어나서 어려서부터 공부 잘한다는 소리를 듣고 자랐고, 그 덕분에 좋은 학교에 들어가 남의 부러움을 사며 살았잖아요. 그리고 대학 다니면서 남들이 부러워할 만큼 지금 남편하고 소문난 연애 끝에 결혼해서 해외여행이 하늘에 별 따기만큼 어려울 때 그리스로 유학 갔어. 그 시절은 정말 행복했었죠. 우리는 무엇보다도 젊었고, 그 젊음을 후회 없이 마음껏 즐겼고…… 그리고 유서방이 박사학위하고 돌아와서 대학 교수로 제법 이름도 날리고 부자는 아니지만 경제적으로 어려움 없이 잘 살았고, 그래서 나는 모든 걸 내려놓았어요. 더 이상 바랄 게 뭐가 있겠어요? 조금 일찍 가서 수진이하고 유서방 뒷바라지를 못하는 게 마음에 걸리기는 하지만, 그건 내 마음대로 어쩔 수 있는 일도 아니잖아요. 난 벌써 준비가 다 되어 있어요. 그러니까 별 미련 없어요.” 그 말을 듣던 모든 사람들이 울음을 참지 못해 흐느꼈지만 도시꼬 본인은 오히려 “울지 말아요. 이러면 나도 힘들어져요.”라고 말하고 가만히 앉아 있었단다.

얼마나 많은 시간을 홀로 외롭게 마음을 달랬으면 저토록 담담하고 의연하게 그런 말을 할 수 있었을까? 다가오는 죽음 앞에서 어쩌면 억울하다는 생각이 들기도 했을 거고, 서운하거나 섭섭한 마음을 느끼기도 했을 테지. 때로는 잘해 주지 못한 남편인 나를 원망하거나 책하고 싶기도 했었겠지. 그리고 이렇게 매몰차게 죽음으로 몰고 가는 하느님이 원망스러울 때도 있었겠지. 그리고 죽

2010년 겨울, 이스탄불 갈라타 탑

음만이 가져다주는 두려움과 끔찍함을 홀로 수없이 느꼈을 테지. 하지만 그녀는 벌써 그런 억울한 마음도, 그 누구에 대한 원망도 다 떨어내고 그 흔해 빠지고도 끈질긴 삶에 대한 미련마저도 다 정리하고 매일매일 눈에 띄게 쇠약해져 가는 자신의 육체를 차분하게 관조하듯 바라보고 있다. 아프고 배고프고 외로운 투쟁을, 그 아무도 도와주거나 위로할 수 없는 투쟁을 외로이 하고 있다. 그녀는 이제 정말 "두려움조차 구원에 도움이 된다는, 그러기에 두려움 역시 신성한 것이며 인간의 친구"라는 성 프란체스코의 경지에 이른 것인가? 그런 것 같다. 병을 안고 살아온 근 2년 동안 도시꼬는 억울함, 원망, 분노, 불안, 좌절, 초조함을 조금도 보이지 않았다. 그리고 한 번도 자기 연민에 빠져 하소연을 하거나 넋두리를 늘어놓지도 않았다. 그랬기에 절망이 그녀에게 조금도 스며들지 못했다.

다시 아파오는 모양이다. 나보고 집으로 어서 가란다. 도시꼬는 자신이 고통스러워하는 모습을 내게는 보이고 싶어 하지 않는다. "밤에는 아주 많이 아파해요."라고 간병인이 일러준 말이 생각난다. 도시꼬, 그렇게 아프면서도, 죽어 가면서도, 너는 오히려 더 이상 나와 수진이를 보살펴 주지 못하는 것을 속상해 했지. 참으로 강한 사람, 도시꼬…….

2012년 1월 3일 (화)

도시꼬는 삶의 내리막길로 조금씩 미끄러져 내려가고 있다. 그런 그녀를 나는 무기력하게 바라만 볼 뿐, 아무것도 할 수 없다. 인간이 이토록 무능하고 연약한 존재라는 것을 뼈저리게 느낀다. 절망감이 나를 완전히 사로잡지 못하게 하기 위해 나는 이를 악물고 나쁜 생각을 애써 눌렀다.

아 하느님, 왜 이리도 모지십니까?
그녀에게서 고통을 덜어 주소서.
어차피 당신께서 내리신 생명이니 언제든 거두어 가소서.
다만 고통만은 내리지 마소서.
괴로워하는 그녀의 모습을 차마 볼 수 없나이다.
주여 찬미 받으소서.
그리고 도시꼬를 고통 없이 데려가시옵소서.
당신께 엎드려 비나이다. 아멘!

아파하는 그녀를 보며 하루에도 몇 번씩 눈물을 머금었다. 함께했던 즐거운 순간들이 문득문득 스쳐갈 때마다 아련하게 가슴이 저려 왔기 때문이다. 그러나 나는 울지 않았다.

나와 도시꼬를 대학시절부터 알고 지낸 친구들에게 편지를 썼다. 그들이 있었기에 우리는 행복하게 맺어질 수 있었다. 이제는 그들에게도 도시꼬가 우리 곁을 떠나가려 한다는 이야기를 해 주어야만 할 것 같았다. 나와 도시꼬가 만난 지 벌써 만 42년이 가까워지고 있다. 과연 42년을 채울 수 있을까? 지금 같아서는 힘들 것 같다.

그런데 이번에는 도시꼬가 우리 곁을 떠나가려고 하네요.
참으로 의연하고 담담하게 죽음을 받아들이는 모습이 경탄을
자아내기까지 해요.
심지어 단호하기도 하고요……
그러나 그런 꿋꿋하고 흔들림이 없는 그녀의 모습이 저에게는
애처롭고 슬프기만 해요.
지켜주지 못해 미안하고, 그녀가 고통에 시달릴 때는 안쓰럽다
못해 가슴이 찢어지는 것 같아요.
하지만 하늘이 하는 일을 연약한 인간이 어떻게 하겠어요?
받아들여야죠.
다행히 하느님께서는 우리에게 헤어질 충분한 시간을 주셨어요.
우리가 사귀면서 서로를 알아가고 익숙해지는 데까지 많은 시간을
들였듯이 헤어짐을 위해서도 과정과 시간이 필요하니까요.
저 역시 그런 그녀의 모습에 따라 담담하게 이별을 준비하고 있어요.

슬프지만 약하고 절망하는 추한 모습은 보이지 않을 거예요.

그녀는 아직도 대장이에요.

늦었으니 어서 집에 가라고 지시하는가 하면 나의 조그만 잘못까지도 절대 놓치지 않고 지적하고 충고해요.

며칠 전 그녀가 혼수 상태에 빠져 의사소통이 안 될 때는 저 혼자 그녀의 옆에 앉아서 한없이 울었어요.

그녀의 몸은 아직 이 세상에 있지만 영혼은 벌써 저세상에 있는 것 같아 외로웠고 서글펐어요.

그랬더니 내가 잡은 손에 힘을 주면서 고개를 약간 저었어요.

울지 말라고 이야기하고 싶어 하는 것 같았어요.

그래서 더욱 가슴이 아팠죠.

그런데 오늘은 정신이 다시 말짱해져서는 또 저에게 집에 어서 가라고 성화를 했지요.

이런 상태가 언제까지 갈는지 알 수 없어요.

언제라도 그녀는 떠날 준비가 되어 있는데 저는 그렇지 못해요.

요즘 힘들어요.

하지만 잘 버티고 있어요.

그리고 우리들의 마지막 순간들을 될 수 있으면 의미 있게 만들고 싶어요.

2012년 1월 5일 (목)

자고 있다. 가끔 거친 숨소리를 낸다. 나쁜 꿈을 꾸고 있는 게 아닌가 걱정된다. 간밤에도 많이 아팠단다. 잠도 못 자고 고통에 시달렸단다. 지금도 통증이 있겠지. 약에 취해 자고 있을 뿐, 많이 아프겠지. 이별이 다가오니 아쉬움이 왜 이다지도 큰지 가슴이 미어진다. 좀 더 잘해 주지 못했던 한이 이토록 사무칠 줄은 예전에 정말 몰랐었다.

도시꼬, 지켜주지 못해 미안해. 나는 네가 항상 건강하고 강할 줄만 알았지. 그래서 무심했었지. 지금 많이 후회돼. 하지만 너무 늦었어. 좀 더 다정하게 대해 주고 건강도 챙겨 주었더라면 얼마나 좋았을까?

사랑해, 도시꼬, 그리고 내 가슴 많이 아파. 내 마음은 지금 울고 있어. 너무 슬퍼. 사랑해, 그리고 미안해. 나도 모르는 새 눈물이 흘러내렸다. 처음에는 조금씩 흐느끼다가 이내 엄청난 슬픔이 온몸을 휩쓸고 지나갔다. 도시꼬가 깼다. 이번이 처음이다. 도시꼬 앞에서 운 게…….

그녀는 그렇게 아픈 속에서도 내 손을 꼭 쥐어 주었다. "괜찮아, 울지 마. 그러면 내가 너무 힘들어져."라고 말하려는 것 같았다. 그러나 아무 힘이 없어 아무 소리도 들리지 않았다.

나는 도시꼬가 죽을 병에 걸렸다는 사실을 받아들이고 싶지 않았는지도 모른다. 그래서 그녀가 앓고 있는 동안, 아니 실은 죽어가고 있는 동안 내내 그녀가 곧 나을 거라고 낙관적으로 생각했다. 아니 이런 거짓 위안으로 나를 속였는지도 모른다. 그래서 도시꼬에게 안절부절못한다고 치료에 도움이 되지 않는다며 평소 하던 대로 살아가자고 말했는지도 모른다. 그런 이야기는 이성적으로는 지극히 합리적일지 모르지만 같이 아파하고 병자를 위해 헌신하는 희생이 없기에 정이 없어 보인다. 얼마나 섭섭했을까? 현실 회피의 비겁한 행동이다. 혹시 이런 현실 도피적 행동이 그렇지 않아도 외로운 그녀의 투병 생활을 어렵게 만든 것은 아닐까? 언젠가 한 번 도시꼬가 조금 슬픈 표정으로 "자기는 내 상태가 얼마나 나쁜지 몰라. 아니 알려고 하지 않아."라고 말했다. 그때 그녀는 바로 이런 심정을 나에게 말한 게 아닐까?

2012년 1월 6일 (금)

수진아, 엄마가 헛소리를 하기 시작했어. 내가 알고 있던 도시꼬가 아니야. 나 지금 울고 있어. 너무 가슴이 아프고 엄마한테 미안해. 불쌍해서 보고 있기도 힘들어. 엄마를 옆에서 지켜주어야 할 것 같아. 내일 다른 약속하지 마. 병원에 같이 와서 함께 있어 주자. 엄마가 우리와 함께할 시간이 많이 남은 것 같지 않아.

눈물이 눈을 가린다는 말이 이런 거로구나. 난 지금 가슴이 너무 아프다. 더 이상 의지가 굳고 단호한 강한 성격의 도시꼬를 볼 수 없다는 것이 슬프다. 한 사람의 인생이 이렇게 허망한 거로구나. 고마워, 도시꼬, 그렇게 오랫동안 나를 지켜준 게……. 그런데 나는 당신에게 해 준 게 없네. 미안해. 도시꼬, 사랑해.

1990년, 수진이와 함께

2012년 1월 7일 (토)

오늘 도시꼬는 조금 제정신으로 돌아왔다. 그래도 일어나 앉지도 못하고 계속 누워만 있다. 한국 정교회 초대 대주교였던 소티리오스 대주교님이 오셨을 때 한 15분 정도 앉아 있었지만 이내 힘든지 다시 누웠다.

주 예수 그리스도, 구원자시여,
당신의 종 마그달리니아내의 세례명를 불쌍히 여기시고 구원해 주시옵소서.
당신의 사랑과 은총을 기다리며 이 모든 기도를 드리나이다.

도시꼬가 제정신이 들었을 때 하고 싶은 말을 해야 할 것 같은 조바심에 "도시꼬, 당신이 떠나고 나면……" 하고 조심스레 말을 시작했다. 나로서는 특히 수진이를 어떻게 대해야 할지 묻고 싶었다. 아버지와 딸의 관계는 가족이면서도 서로 잘 이해하지 못하는 것이 많다.

그러나 내 말이 채 끝나기도 전에 도시꼬가 말했다. "그런 얘기 하지 마. 그런 말 하면 나도 힘들어져." 그렇게 말하는 모습이 아주 쓸쓸해 보였다. 그리고 조금 무안했는지 엷은 미소를 지어 보였다.

미소란 내적 균형의 결실이고 주변 사람들에 대한 사랑과 온유함의 표현이다. 도시꼬는 마지막 순간까지 이 미소를 잃지 않을 사람이다. 그녀의 영혼은 맑고 주변의 모든 사람들을 사랑하고 있기 때문이다.

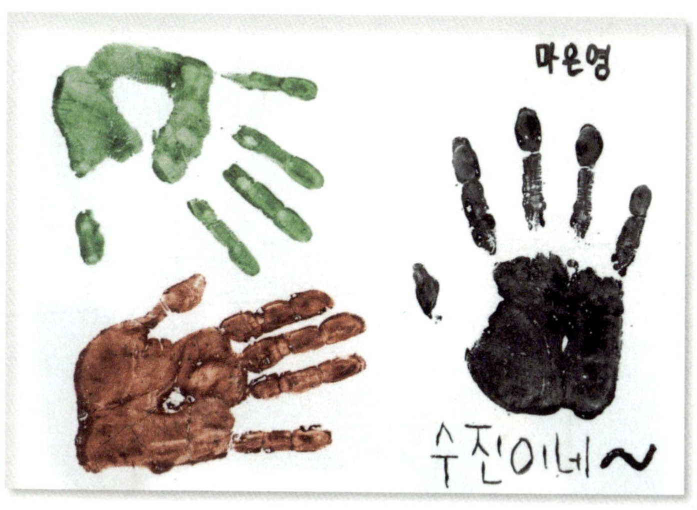

안산 호수공원 중앙광장에 있는 우리 가족의 손바닥 프린트

2012년 1월 8일 (일)

교회에서 대주교님과 도시꼬의 상태에 대해 이야기하는 도중에 병원으로부터 수진이의 문자가 왔다. "조금 전에 엄마의 지저분한 머리를 잘라 줬더니 다시 누워서 푹 자고 있어. 걱정하지 말고 천천히 와." 죽어 가는 엄마를 지키는 딸의 애처로움이 진하게 느껴졌다. 가슴이 아파 왔다. 그 문자가 오히려 병원으로 향하는 나의 발걸음을 더 재촉했다.

병원에 도착해서 둘만 있게 되었을 때, 성 프란체스코가 레오 형제에게 "우리는 잠깐 헤어지는 것뿐입니다. 하지만 다시 만나 영원히 함께할 거예요."라고 말하는 부분을 도시꼬에게 읽어 주었다. 과연 그럴까? 도시꼬는 잠시 생각에 잠긴 듯했다.

오후에 교인들이 몇 분 다녀갔다. 도시꼬는 힘들 텐데도 일어나 앉아 문병 온 사람들을 맞았다. 그리고 현재 한국 정교회 제2대 대주교이신 암브로시오스 대주교님께서 오셔서 기도해 줄 때에는 조그만 소리로 기도와 성가를 따라 했다. 그녀는 참으로 위대한 정신력을 가지고 있다. 성체 성혈을 할 때는 절실하면서도 희망에 찬 표정을 지었다. 그러는 그녀의 모습을 보면서 문득 그녀는 하늘나라에 가서 천상병 시인처럼 아름다운 나들이였다고 말할 수 있는 사람이라는 생각이 들었다.

귀천歸天 _ 천상병

나 하늘로 돌아가리라.

새벽빛 와 닿으면 스러지는
이슬 더불어 손에 손을 잡고,
나 하늘로 돌아가리라.

노을 빛 함께 단 둘이서
기슭에서 놀다가 구름 손짓하면은
나 하늘로 돌아가리라.

아름다운 이 세상 소풍 끝내는 날,
가서 아름다웠더라고 말하리라.

2012년 1월 9일 (월)

오늘 도시꼬에게 사람이 죽는 방법으로는 차라리 암이 가장 낫다고 하는 사람들이 있다고 이야기했다. 늙어서 치매에 걸려 자신이 가장 사랑하는 사람들도 몰라보는 지경에 이르면 인간의 존엄성이 사라지고, 사고로 죽거나 조용히 잠자다 가는 것은 너무 갑작스러운 죽음이라 가는 사람이나 남은 사람 모두가 준비할 시간과 마음의 여유가 없다. 암은 고통스럽기는 하지만 본인도 주변 사람도 어느 정도 죽음을 예측할 수 있기에 어쩌면 최선의 죽음일지도 모른다는 생각이다. "그럴 수도 있겠네." 도시꼬가 힘없이 웃으며 대꾸했다. "하지만 너무 아파." 아주 힘없고 담담한 어조로 말했지만 얼마나 고통스러우면 도시꼬가 저렇게 말할까 하는 생각이 들어 가슴이 아려 왔다.

그녀는 매 순간 고통을 겪으며 끔찍한 죽음과 맞서고 있으면서도 그 흔한 불평이나 짜증 한 번 내지 않았다. 신부님들이 방문하여 기도 후 주시는 성체 성혈을 정성껏 모시고 기도로 마음의 평화를 유지하는 그녀의 모습은 성스럽다. 그래도 조금이라도 기쁜 일이 있으면 해맑은 웃음을 지어 주는 게 마치 천사 같다. 죽음 앞에서 저렇게 의연한 모습을 갖는다는 것은 평소 그녀가 얼마나 삶을 알차게 살았는가를 보여 주는 것이리라.

2012년 1월 10일 (화)

도시꼬가 오늘따라 더 힘이 없다. 멍하니 한 곳을 바라보는 시간이 길어졌다. 먹지 못한 지가 벌써 열흘이 넘으니 그럴 수밖에 없다. 몸은 앙상하게 뼈만 남았다. 보기에도 측은하다. 왜 저렇게 착한 사람에게 그런 몹쓸 병이 생긴 걸까?

암이 재발했다는 것과 그것도 말기라는 말을 들었을 때, 도시꼬의 눈가에 눈물이 조금 맺혔다. 그러나 눈물을 흘리지는 않았다. "그럼 난 얼마 못 살겠네." 그리고 아무 말도 하지 않았다. 그 순간 나는 아무것도 할 수 없다는 자괴감에 빠졌다. 무기력함이 오히려 나를 자포자기의 상태로 빠뜨리는 것 같았다.

수술을 받고 난 뒤, 몹시 아플 텐데도 유쾌한 표정을 지으며 주변 사람들을 배려하는 도시꼬의 모습에 모두가 놀라고 감탄했다. 입원 중에 둘이서 병동 안을 산책하다가 예전에, 아주 오랜 예전에 우리가 대학에 다니며 사귈 적에 자주 들러 커피를 마시던 '교수회관' 이야기를 나누었다. 도시꼬는 '함춘문' 뒤쪽에 있었던 단층 건물 테라스에서 장대 같은 빗줄기를 바라보며 마시던 커피 향기가 아직도 기억난다며 "이제는 더 이상 커피를 못 마시게 돼서 속상해."라고 말했다.

그래, 도시꼬, 너는 커피를 아주 좋아했었지. 둘이서 한가한 시간에 커피 마시는 행복을 가져 본 지도 상당히 오래되었구나. 네가 병이 나아 다시 둘이서 커피를 마실 수 있다면 얼마나 행복할까?

2010년 겨울, 보드룸 성 요한 기사단 영국 탑

2012년 1월 11일 (수)

오늘은 도시꼬의 상태가 조금 좋아졌다. 그리고 이제는 밥 먹을 때 다른 곳으로 가지 말고 자기 앞에서 먹으란다. 그녀가 처음 음식을 못 먹게 되었을 때 "배가 고파."라고 말했었다. 그때 나는 먹고 싶어도 못 먹는 그 심정을 헤아리면서 가슴이 많이 아팠다. 그래서 도시꼬 앞에서 밥을 먹을 엄두를 내지 못했다. 하지만 이제는 괜찮으니 자기 앞에서 밥을 먹어도 된다고 한다. 얼마나 많은 생각을 하고 하는 말일까? 아프면서도, 죽어 가면서도 세심하게 남에 대한 배려를 하는 도시꼬는 정말 착한 사람이다. 그리고 강한 사람이다.

어머니가 도시꼬를 보고 싶어 하시지만 차마 병문안을 오시겠다는 말씀은 못하신다. 당신은 아흔 살이 너머까지 사는데 젊은 며느리가 죽어 가고 있으니 마음이 얼마나 안 됐을까! 어제 하도 성화를 하시길래 어머니 집에 들렀더니 "걔가 그렇게 아프면서도 꼭 먼저 내려서 차문을 열어 주고 함께 걸을 때면 부축을 해 주었단다. 심지어 수술을 하고 집에 오던 날도 자기가 먼저 내려서 나를 부축했단다. 정말 정신력이 대단한 사람이야."라고 말씀하시며 눈물을 글썽이셨다. 그렇다. 도시꼬는 그런 사람이었다.

지난 가을, 도시꼬는 갑자기 집 도배를 서둘러 했다. 왜 아픈 사람이 그렇게 무리하냐며 주변에서 말렸지만 그녀는 단호했다. 그리고 어머니에게 “저 사람, 제가 없으면 도배가 오래돼서 색이 바래도 그냥 살 사람이에요.”라고 말했단다. 구질구질하게 사는 게 싫었던 사람, 그래서 자기가 먼저 가고 난 다음에도 집안 모습이 초라해 보이는 게 싫어서 죽을 만큼 아프면서도 도배를 서두른 사람, 그 강한 사람이 지금은 병마에 시달려 아주 약한 모습으로 아파하고 있다. 다시 한 번 아무것도 할 수 없는 나 자신에 대해 심한 자괴감을 느낀다.

병원을 떠나기 전에 도시꼬에게 윤동주의 〈서시〉를 읽어 주었다. “모든 죽어 가는 것을 사랑해야지.”라는 구절이 유난히 절실하게 다가왔다. 도시꼬가 떠나간 뒤에 ‘나한테 주어진 길’은 무엇일까? 그리고 내가 그 길을 제대로 갈 수 있을까?

서시 _ 윤동주

죽는 날까지 하늘을 우러러
한 점 부끄럼이 없기를.
잎새에 이는 바람에도
나는 괴로워했다.
별을 노래하는 마음으로
모든 죽어 가는 것을 사랑해야지.
그리고 나한테 주어진 길을
걸어가야겠다.

오늘밤에도 별이 바람에 스치운다.

2012년 1월 12일 (목)

그리스 정부 파견 교수인 이로 선생님이 병문안을 왔다. 곧 그리스로 가게 되어 잘못하면 다시는 도시꼬를 보지 못하게 될까 봐 바쁜 가운데에도 굳이 찾아왔다. 이로 선생님은 너무 야윈 도시꼬의 모습에 가슴이 아팠던지 그녀의 손을 잡고는 아무 말도 못한 채 눈물만 흘렸다. 도시꼬가 오히려 울지 말라고 위로했다.

그런 말을 하는 도시꼬의 모습은 성 프란체스코가 자신의 죽음이 다가옴을 알고 우는 형제들을 꾸짖고 달래듯 위엄이 어려 있었고 거룩하게 보였다. 헤르만 헤세의 소설《나르시스와 골트문트》마지막 부분에서 나르시스는 죽어 가는 골트문트의 얼굴에, 세상에 대한 체념과 무관심만이 가져올 수 있는 평안함이 깃든 것을 보며 골트문트가 벌써 이 세상을 떠나 저세상의 세계로 통하는 입구에 서 있음을 깨닫는다. 나도 그 순간 도시꼬가 이미 저 아득히 머나먼 피안의 저편에 서 있는 것 같았다. 그렇다. 도시꼬는 이미 이 세상에 속한 존재가 아니다. 그녀의 영혼은 이제 저 성스러운 세계를 바라보고 있는 모양이다.

병원을 나서며 이로 선생님이 내게 말했다. "마그달리니의 영혼은 이미 이곳에 있지 않아요. 천사들과 함께 저 하늘나라에 있어요. 나는 그녀의 눈빛에서 그것을 보았어요. 너무 성스러워서 손에 입맞춤을 하고 싶은 걸 간신히 참았어요. 아마 내가 다시 한국에 올 때쯤이면 마그달리니는 저세상에 가 있겠죠. 나는 그게 너무 가슴 아파요, 하지만 어떡하겠어요. 하느님께서 하시는 일인데……. 기도할게요. 이런 순간 우리 인간이 할 수 있는 일은 기도밖에 없으니까요." 이 말을 마치고 이로 선생님은 잰걸음으로 멀어져 갔다. 아마 그녀는 그때 울고 있었는지도 모른다. 다시는 못 볼 사랑하는 사람을 뒤에 두고 떠난다는 것은 누구에게나 고약하고 슬픈 일이니까…….

하지만 나는 곧 다가올 도시꼬와의 이별을 어떻게 견뎌낼지 영 자신이 없다. 이렇게 매 순간 도시꼬와의 이별이 다가오고 있는데 나는 아무런 마음의 준비조차 하지 못하고 있다.

2012년 1월 15일 (일)

예배를 마치고 병원에 들렀을 때 도시꼬는 자고 있었다. 오후가 되어 조금 기운을 차린 듯 정신이 다시 말짱해져서는 또 나에게 집에 어서 가라고 성화를 한다. 이런 상태가 언제까지 갈는지 알 수 없다. 언제라도 그녀는 떠날 준비가 되어 있는데 나는 그렇지 못하구나.

지난 가을 어느 날 도시꼬가 병원에서 돌아와서는 "나 항암 치료 더 이상 안 받기로 했어. 암은 별로 작아지지도 않고 약이 너무 독해 엄청 고통스러워. 몸만 엉망진창이 되고 효과가 없는 것 같아. 그래서 주치의 선생님께 이렇게 치료를 받으면 치료 안 받을 때보다 얼마나 더 살 확률이 있냐고 물었더니 기껏 두 달에서 여섯 달 정도래. 그래서 더 이상 항암 치료 안 받겠다고 했어."라고 말했다. 담담하게 말을 하고 있었지만 그녀의 마음속에서는 얼마나 많은 생각들이 지나갔을까? 그녀가 가장 두려워하는 것은 의식이 흐려져 구차하게 생명을 연장하는 거라고 말한 적도 있었다. 치매에 걸리는 게 가장 싫다는 말도 했다. 그런 말을 할 때면 죽는 마지막 순간까지 제정신으로 품위를 유지하고 싶어 하는 그녀의 고고함이 느껴졌다.

그렇다고 그녀가 절망에 빠져 자포자기의 마음이 되어 쉽게 삶을 포기한 것은 아니다. 그녀는 자신이 할 수 있는 최선을 다하여 암을 이겨 보려고 노력했다. 매일 아픈 몸을 이끌고 두 시간씩 산책을 하고 몸에 좋다는 약과 음식도 열심히 챙겨 먹었다. 약침이 암에 좋다는 말을 듣고는 용하다는 한의원에 정기적으로 치료를 받았다. 하지만 그런 모든 노력이 헛되이 끝나고 완화병동에 오게 되었을 때 회한에 차기보다는 이 모든 것이 하느님의 뜻이라고 겸허히 결과를 받아들였다.

완화병동에 온 지 얼마되지 않았을 때 의사가 도시꼬의 병세가 조금 호전되었으니 미음 정도는 먹어도 좋다는 말을 했을 때 도시꼬가 기뻐하던 모습이 눈에 선하다. 그때 도시꼬는 "내가 참 결정을 잘한 거 같아. 이 병실은 햇빛도 잘 들고 조용해서 좋아."라고 말하며 만족스러운 표정을 지었다. 희망을 갖는다는 것은 정말 행복한 일이다. 그러나 불행히도 그 희망은 사그라지고 말았다.

오랫동안 익숙해져 있었던 사람을 이렇게 떠나보내야 한다는 것이 믿어지지 않는다. 어떻게 해서든 이런 최악의 경우는 피해 보고 싶다. 그렇다. 나 역시 요즘 힘들다. 하지만 아직까지는 잘 버티고 있다. 우리들의 마지막 순간들을 될 수 있으면 의미 있게 만들고 싶다.

2012년 1월 16일 (월)

오늘, 아침 일찍 그녀의 묏자리를 보고 왔다. 햇볕이 하루 종일 잘 들고 전망이 아름다운 아늑한 언덕바지로 정했다. 이곳에 있었으면 좋아했을 곳이다. 거기에서 그녀가 근심과 걱정, 고통을 벗어나서 편히 쉬었으면 좋겠다. 언젠가 나도 도시꼬 옆에 묻히겠지. 항상 남을 배려하는 너는 나의 묏자리까지 준비해 주는구나.

병원에 도착하자 도시꼬가 반가운 얼굴로 나를 맞는다. 그러나 나는 도시꼬에게 묏자리를 보고 왔다는 말은 차마 하지 못했다. 고통스러워하는 그녀 옆에서 무기력하게 앉아 있었다. 밤이 되자 도시꼬가 또다시 어서 집에 가라고 성화다. 병실을 나오는데 간병인 아주머니가 쫓아 나와 내게 말한다.

"불쌍해요. 밤에는 많이 아파해요. 그리고 곧 이 세상을 두고 떠나야 한다는 사실을 너무 잘 알아서 더 가여워요. 하지만 남들에게, 특히 교수님한테는 그런 약한 모습을 보이고 싶지 않아서 밤이 깊어지면 어서 가라고 성화하는 거예요."

눈시울이 시큰해지며 울고 싶다는 생각이 들었지만 애써 태연한 척하며 "네, 잘 보살펴 주세요."라는 말만 남기고 총총걸음으로 도망치듯 병원을 나왔다. 찬 바깥 겨울바람이 오늘 따라 유난히 시원하게 느껴졌다.

1982년 여름, 소렌토

2012년 1월 17일 (화)

밤이 끝나면서 삶이 시작되었다.

도시꼬가 우리 곁을 떠나가려고 한다. 참으로 의연하고 담담하게 죽음을 받아들이는 모습이 경탄을 자아낸다. 심지어 단호하기까지 하다. 그러나 그런 꿋꿋하고 흔들림이 없는 그녀의 모습이 오히려 애처롭고 슬프다.

지켜주지 못해 미안하고, 그녀가 고통에 시달릴 때는 안쓰럽다 못해 가슴이 찢어지는 것 같다. 하지만 하늘이 하는 일을 연약한 인간이 어떻게 하겠는가? 받아들여야 한다. 다행히 하느님께서는 우리에게 헤어질 충분한 시간을 주셨다. 우리가 사귀면서 서로를 알아가고 익숙해지는 데까지 많은 시간을 들였듯이 헤어짐을 위해서도 과정과 시간이 필요하다. 나 역시 그런 그녀의 모습에 걸맞게 담담하게 이별을 준비해야 할 것 같다. 슬프지만 약하고 절망하는 추한 모습은 보이지 않을 거다.

2012년 1월 18일 (수)

오늘 대장 쪽에서 하혈이 있었단다. 대장 쪽의 혈관이 약해져 생기는 현상이란다. 그녀의 몸이 더 이상 견디지 못하고 조금씩 조금씩 무너져 내리는 모양이다. 끝의 시작이 온 것이다. 하지만 그녀는 모든 사람의 경탄을 자아낼 정도로 의연하고 담담한 모습이다. 정말 대단한 사람이다. 하느님이시여, 도시꼬를 불쌍히 여기시고 구원해 주시옵소서.

나 역시 쉽게 약한 모습을 보이지 않으리라. 나도 아픔에 고통스러워하면서도 꿋꿋이 버티는 도시꼬의 강인한 모습에 어울리는 품위를 지키리라. 쉽게 슬퍼하지도 않으리라. 끝까지 단아한 모습으로 죽음의 검은 천사를 맞는 도시꼬의 용기에 걸맞은 의연함을 나도 보이리라.

아, 주여,

그래도 이별은 이토록 어려운 거로군요.

2012년 1월 19일 (목)

오늘 도시꼬가 갑자기 내게 "성 프란체스코도 죽기 직전에 헛것을 보았던가?" 하고 물었다. 나는 그녀의 머리맡에 놓아 두었던 카잔자키스의 소설《성자 프란체스코》를 열어 죽음의 검은 천사가 성 프란체스코를 찾아온 장면을 읽어 주었다. 그러자 그녀는 "그렇구나. 성 프란체스코님도 헛것을 보았구나." 하며 안도하는 모습을 보였다. 그때 이미 그녀는 죽음의 검은 천사를 본 게 아닐까? 그때 그녀의 얼굴을 스쳐 간 안도의 표정을 나는 잊을 수 없다. 아마 평생 잊을 수 없을 것 같다.

또 어느 날은 "우린 참 행복하고 즐겁게 산 거 같아. 젊어서 유학도 가고 또 여행도 많이 다니고 행복했었지?" 하고 내게 말했다. 그렇게 말하는 그녀의 표정 뒤에는 이제는 가까이 다가온 죽음을 예감한 쓸쓸함이 배어 있었다. 얼마나 허망했을까? 죽음이 한 발 한 발 다가옴을 느꼈을 때 그녀는 얼마나 두려웠을까? 한 번은 간병인에게 "처음 가는 길인데다 혼자 가야 하는 길이라서 무서워요."라고 말했다고 한다. 그녀가 나를 가장 필요로 할 때 같이 해 줄 수 없다는 것이 안타깝고 미안하다.

2012년 1월 20일 (금)

암브로시오스 대주교님과 안토니오스 보제님이 내가 자리를 비운 동안 도시꼬가 번역한《성서의 메아리》와《불멸의 양식》을 가지고 병문안을 오셨다. 대주교님이 도시꼬에게 그 책을 보여 주며 축하한다고 말하자 그녀는 힘없이 웃으며 "책이 예쁘게 잘 나왔네요. 그런데 이 책들은 앙겔로스나의 세례명에게 주세요. 저는 아무래도 저 책이 팔리는 건 보기 힘들 것 같아요."라고 말했다고 한다.

1980년, 그리스 친구들과의 파티

그 말을 하는 그녀의 심정이 어떠했을까를 생각하니 가슴이 저려 온다. 도시꼬라고 사람들이 그 책을 사서 읽는 것을 어찌 보고 싶지 않겠는가? 하지만 그녀의 건강이 이를 허락하지 않으니 마음이 많이 아팠을 것이다. 그러나 그녀는 그 기쁨을 내게 돌렸다. 착하고 강한 사람, 도시꼬. 하느님께서는 왜 그녀를 그리도 서둘러 데려가시려 하는지…….

2012년 1월 22일 (일)

밤 2시 30분, 병실에서 잠든 도시꼬를 지키고 있다. 지금은 평화로워 보인다. 고통과 죽음 앞에서 어떻게 저토록 의연할 수 있을까? 이제는 힘이 다 빠져 앉아 있기조차 힘들어 한다. 그래도 정신력은 조금도 약해지지 않았다. 그리고 아직도 항상 남을 먼저 생각하고 배려함을 잊지 않는다. 한마디로 놀랍다.

그녀는 조금씩, 그리고 확실하게 죽음을 향해 다가가고 있다. 그녀의 근육에서부터 생명이 조금씩 빠져나가고 있다. 힘이 없어 제대로 앉아 있지도 못한다. 저승의 잠이 그녀를 한없이 어두운 죽음의 세계로 끌어가고 있다. 나는 그런 그녀를 무기력하게 바라볼 뿐이다. 가슴이 아파도 내가 할 수 있는 일이라고는 그녀 옆에 있어 주는 것뿐이다. 망연자실이라 함이 이런 거로구나 하고 한탄할 뿐이다.

어차피 한 번은 꼭 찾아온다는 죽음인데 의연하게 맞기가 이리도 어려울까? 도시꼬는 오히려 담담하게 맞아들이는데……. 예상했던 것보다 조금 일찍 온 것뿐이라고 자위해 보려 해도 왜 이리 서러운가? 마음의 준비를 하고 또 하지만 아무 소용이 없구나!

주검을 지키기 전에 죽음을 지키는 과정이 앞서야 한다는 것을 지금에야 알게 되었다. 나는 지금 도시꼬의 죽음을 지켜보고 있다.

유난히도 의지가 강하고 참을성이 많은 도시꼬는 가는 순간까지도 침착하기 이를 데 없어 고른 숨을 쉬고 있다.

죽음의 검은 천사는 서두르지 않는다. 죽어 가는 영혼의 주변에 머물면서 때를 기다린다. 생명은 끈질긴 데가 있어 그리 쉽게 물러서지 않는다. 마지막 한 방울을 다 태울 때까지 생명은 버틴다.

2012년 1월 23일 (월) 설날

민족의 명절이라는 설날이다. 하지만 사그라지는 생명을 지켜보는 나에게 명절은 부질없는 일이다. 명절을 쇠라고 간병인을 보내고 나 혼자 도시꼬를 지키고 있다. 식당마저 문을 닫아 끼니가 여의치 않다. 누나가 식사를 준비해 와 겨우 배고픔을 면했다.

도시꼬는 이제 거의 하루 종일 잠만 잔다. 의사 말이 체력이 다해서 그렇단다. 얼마 남아 있지 않다는 것은 누가 보아도 다 안다. 홀로 서지도 못해 화장실을 갈 때 꼭 부축해 주어야 한다. 하지만 그녀의 정신력만큼은 언제나처럼 대단하다. 내가 깜빡 잠이 들었다가 인기척을 느껴 눈을 뜨니까 그녀가 가까스로 몸을 침대에 기댄 채 내게 이불을 덮어 주고 있었다. 제 몸 하나도 제대로 가눌 수 없는 그 상황에서도 그녀는 나를 보살펴 주려 하고 있었다. 안쓰러운 그 모습에 나는 눈물이 났다.

또 하루가 조용하고도 침울하게 지나갔다. 가끔 도시꼬의 손을 꼭 잡고 말을 걸어 본다. 둘이 함께했던 여행 이야기를 하며 그때 우리들이 얼마나 행복했던가를 새삼 느꼈다. 그녀도 그때만큼은 힘없이 웃으며 행복해 하는 것 같았다.

지난 두 달 동안 내가 알게 된 것은 도시꼬를 더 이상 붙잡아 둘 수 없다는 것이다. 인간으로서 죽음의 검은 천사가 하는 일을 막을 수 없다. 떠나가야 할 사람은 보내 주어야 한다. 아니 떠날 사람은 떠나가게 마련이다. 그게 삶과 죽음의 이치다. 이미 죽음의 검은 천사가 그녀의 영혼을 붙들고 있구나.

그만 놓아 달란다. 너무 아파 견딜 수 없다고……. 가슴이 미어진다. 나로서는 아무 방법이 없구나. 무기력감이 밀려온다. 차라리 죽고 싶다는 마음이 들 정도로 고통스럽다는 것을 내가 어찌 이해할 수 있으랴? 나는 그저 미안하기만 하다. 아무래도 이제는 그만 놓아 주어야 하는 모양이다. 미안하고 슬프다. 왜 이 지경이 되도록 나는 무관심했고 좀 더 잘해 주지 못했던가? 후회된다.

1975년 9월, 신혼여행

2012년 1월 24일 (화)

끝나 가는 인생과 아직도 이어지고 계속되어야 하는 인생이 한 공간에서 만날 때 비극은 이미 시작되었다. 하지만 어쩌라고, 피할 수 없는데 어쩌라고……. 함께 가던 두 사람을 이토록 극단적으로 갈라놓는 비극은 잔인하다. 사랑하는 이여, 살아남아야 하는 사람에게만 비극이 존재할 뿐이라고 변명하고 싶지만 그대에게 이것을 이해해 달라고 말할 염치가 없다. 다만 이런 무심한 현실을 탓할 뿐이다. 그래 봤자 무상함과 미안함을 달랠 수는 없겠지만 도시꼬, 그래도 한 마디 해 주고 싶다. "사랑해, 그리고 지켜주지 못해 미안해"라고…….

집에서 점심을 먹고 병원으로 갔다. 도시꼬의 상태는 더 나빠진 것 같다. 의사 선생님도 이제는 각오를 해야 할 시간이라고 했다. 실감이 나지 않았다. 그녀를 영원히 떠나보내야 한다니…….

저녁을 먹는 동안에도 그 생각이 머리를 떠나지 않았다. 슬픈 눈으로 보면 세상이 다 슬프게만 보인다. 다시 마음을 다잡아 보지만 역시 힘들다. 약함이 있어야 강함이 비로소 제 모습을 드러낸다. 강함과 약함이 어울릴 때 강약 개념이 완성된다. 남의 슬픔이라고 생각했던 일이 나의 것이 되는 순간, 믿고 싶지 않은 현실을 받아들이기는 쉽지 않다.

오후 들어 도시꼬는 한 마디도 못했다. 아니 무슨 말을 하려고 해도 혀가 말려 전혀 알아들을 수 없었다. 무언가 애써 이야기하려 하지만 이미 그녀의 몸은 그녀의 영혼의 뜻을 따르지 못한다. 완전히 소진되어 버린 것이다. 기름 한 방울 남지 않은 자동차가 움직일 수 없듯이 그녀의 몸은 정지를 향하여 내리막길로 들어서기 시작한 것이다. 답답한 듯 그리고 왜 자기 이야기를 못 알아 듣느냐는 듯 때로는 원망하듯 때로는 하소연하듯 나를 바라보는 눈망울을 보며 너무 가슴 아팠다.

완화병동으로 와서 도시꼬가 가장 먼저 부탁한 것은 어떤 일이 있어도 인공 호흡기나 수혈과 같은 생명 연장 방법은 절대로 쓰지 말라는 것이었다. 그리고 수액도 기껏 죽어 가는 생명을 연장하는 것이라면 맞고 싶지 않다고 했다. 이런 상태로 사는 게 무슨 의미가 있는지 모르겠다고 말했다. 그녀는 단호했다. 주치의에게 도시꼬의 뜻을 그대로 전했더니 "아니죠. 이미 환자의 몸이 음식물을 안 먹고 견디는 상태에 익숙해져 있기 때문에 수액을 빼도 생명이 금방 끝나지 않을 수도 있어요. 하지만 의식불명 상태가 더 빨리 올 것만은 확실하죠. 즉 의식 없이 상당 시간 식물인간으로 남을 수도 있어요. 그보다는 수액을 맞으면서 생명이 다하는 날까지 건강과 정신을 더 좋은 상태로 유지하는 게 중요하죠."라고 대답했다. 이 말을 그대로 전하자 도시꼬는 "그럴 수도 있겠네. 하긴 인간이 죽고 사는 것을 마음대로 할 수는 없지. 하지만 정말 인공 호흡기나 수혈은 하지 마."라고 말하며 한 발 물러섰다. 그렇게 궁색하게 생명을 연장하는 걸 싫어하던 도시꼬의 영혼은 지금 더 이상 자신의 뜻에 따라 움직여 주지 않는 저 고장 난 육체 뒤에서 얼마나 답답해 할까?

1971년, 진부령 스키장

2012년 1월 25일 (수)

오늘은 영문학과 동창들이 찾아온다는 말에 도시꼬는 한창 기분이 부풀어 있었다. 저렇게 아픈 상황에서도 젊은 날에 동고동락했던 친구들은 반갑기만 한 모양이다. 점심때쯤 도시꼬 동기동창들이 왔다. 도시꼬는 처음에는 그들을 앉아 맞으려고 노력했지만 이내 몸이 견디지 못하고 침대에 눕혀 달라고 했다. 너무도 쇠약해져서 이제는 앉아 있을 힘도 없었다. 그런 그녀의 모습을 보고 나는 남들 모르게 눈물을 훔쳤다.

동창들이 즐겁게 예전의 추억을 얘기하는 동안 도시꼬는 침대에 누워 때로는 미소를 짓기도 하고 때로는 고개를 끄떡이며 동조의 표시를 하기도 했다. 그 순간만큼 도시꼬는 행복해 했다. 그리고 건강마저 좋아지는 것 같았다. 그녀들이 도시꼬가 피곤해 할까 봐 간다고 말하면 그 힘없는 눈을 크게 뜨면서 그러지 말라는 눈짓을 보냈다. 두 시간이 넘도록 그녀들이 수다 아닌 수다를 떠는 동안 도시꼬의 표정에 나타난 것은 행복이었다. 영문과 동창들은 두 시간이 넘게 앉아 있었다. 그들이 가려 하면 도시꼬가 손짓으로 가지 말라고 말렸다. 마지막에는 도시꼬가 너무 지친 것 같아 내가 그들을 재촉하여 가라고 했다. 그녀들 역시 아쉬움이 남아 병실 밖에서 한동안 가지 못했다. 내가 밖으로 나가 왜 그러냐고 묻자 혹시 도시꼬가 자기네들을 불렀을 때 없으면 섭섭해 할까 봐 못 가겠다고 대답했다. 참으로 아름다운 우정이다. 하지만 어쩌면 너무 늦은 우정의 확인인지도 모른다.

그녀들이 떠나고 난 썰렁한 병실에서 나는 오후를 도시꼬와 보냈다. 도시꼬는 이제는 너무 쇠진하여 아무 말도 못했지만 아직도 가끔 눈을 떠서 나를 보고는 힘없는 미소를 지어 보이려 애썼다. 미소마저 지을 수 없을 만큼 그녀는 기진맥진한 상태였다. 그런 그녀를 보는 것만으로도 나의 마음은 슬펐다. 몹쓸 병, 너는 어찌하여 나의 가장 소중하고 사랑스러운 도시꼬를 앗아 가려 하는 거냐?

늦은 오후가 되어 나도 저녁 약속 때문에 가야 한다고 했을 때 도시꼬는 처음으로 가지 말라는 눈빛을 내게 보냈다. 그게 마음에 너무 걸렸다. 하지만 "내가 내일 아침 일찍 올게." 하는 말만 남기고 병원을 나왔다. 정말 기분이 찜찜하고 곧 후회할 것 같은 기분이 들었다. '이런 불길한 예감은 맞는 경우가 많다는데…….' 하는 불안감이 나를 감쌌다.

밤늦게 집으로 가는 전철을 탔을 때 처제가 다급한 목소리로 전화를 했다. "형부, 언니가 이상해요. 웬만하면 지금 빨리 오세요." 그 목소리에 나는 정신이 아득해지는 것 같았다. 이미 집에 거의 다 왔고 다시 병원으로 가려면 교통편부터 너무 불편한 시간이었다. 그래서 내일 아침 일찍 가겠다고 말하고는 급한 상황이 생기면

당장 연락하라고 했다. 다시 연락은 없었지만 나는 잠을 이룰 수 없었다. 혹시 무슨 불행한 사태가 일어나지 않을까 하는 불안이 나의 마음에서 떠나질 않았다.

1970년, 청평

2. 내 사랑, 도시꼬

"그래, 도시꼬, 잘 가.
이제 정말로 우리가 헤어져야 할 시간이 온 거야.
잘 가. 나도 당신처럼 꿋꿋하게 버텨 볼게."

2012년 1월 26일 (목)

아침에 병원에 가자마자 주치의를 만났다. 의사 말로는 이제 이틀을 넘기기가 힘들 거란다. 아! 드디어 운명의 순간이 한치의 오차도 없이 다가오고 있었다. 아침 진찰을 돌던 의사가 이제는 24시간도 넘기기 힘들 거라고 일러주었다. 점심을 넘기면서 이미 도시꼬는 이른바 혼수 상태, 또는 의식 불명의 상태가 되었다. 그러나 그건 의사들이 붙인 거짓 이름이다. 그녀의 영혼은 그 어느 때보다도 더 맑았다. 다만 그녀의 육체가 더 이상 그녀의 뜻을 따르지 않는 것일 뿐이다.

이제 정말 이별의 시간이 오는 것 같아 나는 조바심이 났다. 갑자기 나는 그녀와 대화하고 싶었다. 그녀에게 하고픈 말이 왜 그렇게 많은지……. 옆에 있는 사람들이 우리의 비밀스러운 이야기를 듣는 것이 싫어서 나는 그녀에게 그리스말로 이야기했다. 그녀는 눈동자와 힘없이 잡은 손으로 자신의 뜻을 전했다. 때로는 살짝 미소를 지어 주기도 했다. 그녀는 다 듣고 있었다. 다만 몸이 말을 안 들어 대답할 수 없을 뿐이었다. 도시꼬, 조금만 더 버텨 줘. 나는 아직 준비가 안 됐어.

오후가 되면서 그녀의 혈압이 급격히 떨어지기 시작했다. 심장 맥박 수는 자그마치 200을 넘었다. 마라톤을 전속력으로 뛰는 것보다 훨씬 더 빠르게 뛰고 있는 것이다. 이제 심장이 그녀의 마지막 생명을 지키기 위해 모든 힘을 다해 홀로 노력하고 있는 거다. 저 심장마저 지치면, 그래서 더 이상 견딜 수 없다면 그때는 모든 게 끝난다.

수진이가 왔다. 아무 말도 없이 그냥 엄마의 손을 꼭 잡고 눈물만 흘린다. 그리고 귀에 대고 무언가 계속 속삭인다. 도시꼬의 표정을 보니 무언가 깊은 이야기를 주고받는 모양이다. 엄마와 딸의 마지막 대화를 방해하고 싶지 않아 복도로 나갔다.

수진아, 이제 엄마가 우리를 떠나가려 하는구나. 너무도 마음이 아프구나. 너의 마음 또한 얼마나 아프겠냐?

도시꼬가 위독하다는 소식에 형수가 급히 달려왔고 저녁이 되어서는 조카인 선진이도 왔다. 간호사가 와서 도시꼬의 호흡 소리로 보아서 오늘 밤을 넘기기 힘들 거라고 귀띔해 주었다. 암브로시오스 대주교님께 전화했다. 매우 바쁘신 모양이었지만 나는 도시꼬가 심상치 않으니 와 주시면 고맙겠다고 말씀드렸다. 잠시 동안 말씀이 없으셨다. 내가 하는 말의 심각성을 알아차린 것이 분명하다.

도시꼬의 맥박 수는 떨어지지 않고 계속 200 주위를 맴돌았다. 이미 혈압은 의미를 잃은 수치만을 보여 주고 있었다. 이제 정말로 끝이 다가오고 있다. 도시꼬는 혼수 상태에 빠져 있었다. 그러나 그

말은 잘못된 거다. 그녀의 의식은 아마도 그 어느 때보다도 또렷할 지도 모른다. 아주 미미하기는 하지만 그녀는 약간 손가락을 움직인다든지 "끙" 하는 소리를 내어 최대한 자신의 의사를 표현하려고 애쓰는 것이 느껴졌다. 특히 수진이와는 꽤 긴 시간 동안 그런 상태로 무엇인가 이야기를 주고받는 것 같았다.

밤 11시쯤 대주교님이 오셨다. 나는 대주교님께서 얼른 기도를 해 주시고 다시 되돌아가실 거라고 생각했다. 그러나 대주교님은 그럴 기색이 아니었다. 그래서 늦었는데 기도는 언제 하실 거냐고 물었더니 "Δεν θα γυρίσω απόψε." 오늘 밤은 돌아가지 않을 거예요.라고 대답하셨다. 대주교님도 사랑하는 사람의 임종을 지키고 싶으셨던 것이다. 우리는 수진이가 엄마 옆에 꼭 붙어 앉아 계속 속삭이는 것을 보고 복도로 나와 이야기를 나누었다.

2001년, 수진이 졸업식

2012년 1월 27일(금)

자정을 넘으면서 도시꼬의 맥박 수가 급격히 떨어졌다. 이제 그녀의 심장도 지친 모양이다. 얼마나 외로운 투쟁인가? 대주교님도 이제는 때가 되었다고 생각하신 듯 종부 성사 기도를 시작했다. 이 기도는 아직 도시꼬가 번역을 채 하지 못해서 그리스말로 기도를 올렸다. 기도가 진행되는 동안 도시꼬가 우리 곁을 떠난다면 과연 내가 그 불행을 감당할 수 있을까 하는 의문이 마음 한구석에서 조심스레 망을 보듯 삐쳐 나오려 했다. 하지만 기도하는 동안 내내 그녀의 맥박과 호흡을 나타내는 계기판 숫자는 비록 약하기는 했지만 꾸준히 제자리를 지키고 있었다. 그리고 대주교님과 내가 기도를 끝내는 '아멘'을 말할 때 계기판 숫자들은 동시에 '0'으로 떨어졌다. 시각은 정확하게 새벽 2시였다. 잠깐 동안 기계 계기판에는 여섯 개의 '0'이 표시되고 있었다. 이것은 마치 무슨 메시지를 전하고 있는 것 같았다. 도시꼬는 우리가 기도를 끝낼 때까지 힘들고 고통스러운 생명을 이어가고 있었다는 생각이 들었다. 기도하는 중에 자신이 떠나면 기도를 중단하는 것이 싫어서 끝까지 버틴 것이리라. 똑똑하고 강인한 사람, 도시꼬, 너는 이런 방법으로 우리에게 마지막 너의 의사를 전하는구나. "나, 아직 여기 있어. 하지만 오래는 못 버티고 기도가 끝나는 순간에 떠나는 거야."라고 말하는 거겠지.

도시꼬가 명을 달리 하는 순간에 수진이와 형수, 셋째 처제가 외마디 비명을 지르며 울음을 터뜨렸다. 그러나 나는 오히려 담담할 뿐이었다. 그녀가 이제는 정말 영영 내 곁을 떠났다는 것이 전혀 실감이 나지 않았다. 하지만 그녀의 영혼이 바로 내 옆에서 우리를 지켜보고 있는 것만은 확실히 알 수 있었다.

새벽 두 시, 그렇게 도시꼬는 떠나갔다. 그녀는 자신의 의지로 생명의 마지막 한 방울까지 다 태워 버린 뒤 두 개의 '0'으로 마지막 의사소통을 하고 영원히 떠나갔다. 도시꼬다운 깨끗하고 정갈한 종말이었다. 그녀의 위대한 영혼은 죽음 앞에서 조금도 움츠러들지 않았다. 오히려 육체의 죽음을 어떻게 뛰어넘어 우리와 소통할 수 있는가를 영웅적으로 보여 주었다.

그래, 도시꼬, 잘 가.
이제 정말로 우리가 헤어져야 할 시간이 온 거야.
잘 가. 나도 당신처럼 꿋꿋하게 버텨 볼게.

도시꼬의 죽음을 공식적으로 만드는 일이 모두 끝난 뒤 병원을 나서며 대주교님께서 말씀하셨다.

"마그달리니답게 아주 성스러운 죽음이었어요. 저런 의연하고 평화로운 죽음을 맞을 수 있다는 것은 마그달리니 자매가 영적으로 준비가 잘되어 있고 영혼이 깨끗했기 때문에 가능한 거예요. 저는 오늘 한 성녀의 죽음을 보았어요. 저도 죽을 때 저런 모습으로 죽고 싶어요. 그렇게 되게 해 달라고 하느님께 기도할 거예요."

그렇다. 마지막 순간 도시꼬의 모습은 성스러웠다. 순수하고 후세의 영원한 생명에 대한 확신을 가진 사람만이 보여 줄 수 있는 영웅적 모습이었다. 내가 이런 훌륭한 인물, 아니 성녀와 살고 있었구나. 그러면서도 그걸 몰랐었구나!

대주교님께서 헤어지기 전에 한 말씀을 더 하셨다.

"그리고 요전에 말씀드린 대로 마그달리니 자매의 장례식은 교회장으로 치를 거예요. 그것이 고인이 교회를 위해 평생 헌신적으로 봉사한 데 대한 최소한의 성의 표시라고 생각해요."

2012년 1월 29일 (일)

문상을 오는 사람들에게서 사랑과 우정이 무엇인가를 깨달았다. 순수하고 따듯한 그들의 마음에서 무한한 위로와 고마움을 느꼈다. 빈소는 슬프지 않았다. 한 영웅의, 한 숭고한 영혼의 죽음은 축제요 큰 가르침이기 때문이다. 모두가 고인의 고매하고 기품 있는 인품을 칭찬했다. 그래서 슬프기보다는 오히려 진지하고 엄숙했다. 이 절망의 시대에, 영혼은 죽음과 함께 사라지는 것이 아니라 더 좋은 곳에서 계속 사는 것이라고 담담하게, 그러나 확실하게 보여 준 도시꼬에게 마지막으로 고마움과 존경의 마음을 바친다.

오후에 도시꼬의 입관식이 있었다. 이제 눈으로 그녀의 모습을 보는 것은 이것이 마지막이리라. 눈물을 참지 못하면 어쩌나 하는 걱정이 들었지만 정작 반듯이 누워 있는 도시꼬의 모습을 보자 오히려 마음이 안정되는 것 같았다. 그녀는 창백했지만 편안해 보였다. 이제 도시꼬는 더 이상 고통에 시달리지 않는다. 그리고 그녀의 영혼에 평화가 깃들었음을 알 수 있었다. 다만 그녀의 영혼을 하느님께서 평화 속에 거두시라는 기도를 하시던 암브로시오스 대주교님께서 잠깐 목소리가 떨리고 눈가가 젖는 모습을 보일 때 내 마음 속에도 슬픔이 몰려왔다. 기도가 끝나자 관속으로 그녀의 모습이 완전히 사라졌다. 또 한 번의 이별, 다시는 그녀의 모습을 볼 수 없겠지. 이별은 횟수를 거듭할 때마다 강도를 높인다.

입관식이 끝난 뒤 대주교님께서 내게 말씀하셨다. "그리스와 미국, 오스트레일리아에서부터 마그달리니 자매의 죽음에 대한 애도의 전화가 끊임없이 오고 있어요. 그런 거예요. 한 성자의 죽음은 그 성자가 죽은 땅에서만이 아니라 전세계 곳곳에서도 모두 슬픈 일이에요. 그래서 성자에 대한 판단을 하는 기준의 하나로 이 점을 고려하게 되어 있어요. 마그달리니 자매는 죽음만 성스럽게 마친 것이 아니라 세계 곳곳의 많은 정교회 신도들의 추모를 받고 있으니 하느님께서 특별히 사랑하셨음이 확실해요."

2000년 11월, 이스탄불에서 나나 무스쿠리와 함께

2012년 1월 30일 (월)

자정이 넘었을 때 마지막까지 자리를 지키던 친구들이 떠나갔다. 그러나 석만한국예술종합학교 연출과 김석만 교수이는 이내 되돌아와서는 끝내 자리를 뜨지 못하고 밤을 새웠다. 젊었을 때의 아름다운 추억을 갖고 떠나는 여학생 친구를 떠나보내기가 그렇게 힘든 모양이다. 나도 마지막으로 도시꼬에게 절을 하고 저세상에서는 아프지 말고 부디 행복하게 살아달라고 기도를 드렸다. 도시꼬는 영정 속에서 언제나처럼 단호한 표정을 짓고 있었다. 이제 또 한 번의 이별의 시간이 다가오고 있었다. 두 번째 이별이라고 덜 슬프리라 기대하지는 않는다. 모든 이별은 매번 아프고 슬프게 마련이니까. 무정해, 죽음은, 아니 삶은……

장례식은 생각보다 슬프지 않았다. 도시꼬가 좋은 곳으로 갔다는 믿음이 있기 때문일까? 제법 추운 날씨였지만 도시꼬의 무덤이 있는 곳은 양지 바르고 북쪽으로 산이 막고 있어 생각보다 춥지 않았다. 동토의 차가운 땅에 그녀를 묻어야 한다니 너무 슬프다. 하지만 이제 그곳이 그녀의 육신이 머물 곳이다. 마지막으로 관이 보이지 않게 되었을 때 또 한번의 이별이 왔다. 그것은 상실이었다. 이제 영원히 그녀의 모습을 기억 속에서만 만날 수 있다. 너무나도 잔인한 상실이었다. 무덤에서 내려올 때, 당장이라도 뒤에서 도시꼬가 부르는 것 같아 몇 번이나 뒤를 돌아보고 싶었지만 그것이 쓸데없는 생각임을 알기에 돌아보지는 않았다.

그녀의 부재로 가득 찬 텅 빈 집에 들어서던 순간, 절망적 외로움이 나를 무너뜨렸다. 다시 안 올 그녀에게 건네는 유일한 말은 '보고 싶어' 단 한마디뿐이다. 다정한 도시꼬의 모습을 집에서 볼 수 없다는 사실을 부정하듯 큰소리로 그녀의 이름을 불렀지만 침묵만이 되돌아왔다. 아, 상실은 이렇게 절실하게 다가오는구나. 슬픔을 가누기 어려웠던 수진이는 자신의 친구를 만나러 가서 아직 안 들어온다. 수진이 역시 엄마의 '없음의 있음'을 고통스러워하고 또 슬퍼하고 있겠지.

2012년 1월 31일 (화)

도시꼬가 없는 첫날, 아침에 일어나 보니 수진이가 자기 방에서 곤히 자고 있다. 휴대전화를 켜 보니 수진이가 보낸 문자가 있었다.

"아빠, 들어왔더니 자고 있네. 곰곰이 생각해 봤더니 지금이 최악은 아닌 것 같아. 나에게는 아빠가 살아 있잖아. 별 생각을 다 해 봤는데 오늘 친구 앞에서 많이 울었어. 그런데도 끝없이 눈물이 나. 이러다가 우울증에, 스트레스에 못 견딜 것 같다는 생각도 들어. 아빠도 똑같이 그럴 거라고 생각해. 이대로 무너지면 안 된다고 머리는 말하는데 그게 잘되지 않아. 엄마라는 존재는 정말 무엇으로도 채워지지 않을 거야. 그래서 아무리 울어도 계속 슬프고 세상이 끝난 것 같이 느껴져. 눈 뜨고 바라보는 모든 게 엄마고 그 흔적이라서 미치지 않고 있는 게 신기해. 정말 못 견디겠어. 이 세상에 그 누가 엄마만큼 날 걱정해 주고 사랑해 줄 수 있겠어. 엄마는 모든 걸 용서해 주었는데……. 완전히 버려진 느낌이야. 엄마의 사랑을 못 받는 사람은 물을 안 준 화초처럼 시들어 가다가 죽을 거야. 그렇지만 어떡하겠어? 진짜 이제 와서 어떡하겠어?"

그래, 수진아, 이제 와서 어떡하겠니? 둘이서 서로 위로하며 힘을 합쳐 살아갈 수밖에…….

점심에 수진이와 이탈리아 식당으로 가서 피자와 스파게티를

먹었다. 도시꼬와도 자주 찾던 집이다. 그곳에서도 그녀의 없음의 있음을 피할 수 없었다. 그녀는 어디에도 없었다. 그리고 그 없음이 모든 곳에 있었다.

눈이 많이 내렸다. 내일이 삼오제라서 도시꼬 무덤에 가야 할 텐데 걱정이다. 어떤 일이 있어도 나는 내일 도시꼬를 찾아갈 거다. 그녀가 기다리는 걸 아는데 눈이 좀 많이 온다고 안 갈 수는 없다. 그녀를 기다리게 할 수는 없다.

저녁을 먹고 전기밥솥을 샀다. 도시꼬가 없으니 나와 수진이가 살림을 해야 하니까…….

2010년 겨울, 밀레토스 극장 앞

2012년 2월 1일 (수)

다행히 눈이 그쳤다. 용미리까지 별로 힘들이지 않고 갔다. 어제 내린 큰 눈 때문에 차들이 안 나와 오히려 가는 길이 더 수월했다. 무덤에 도착한 지 얼마 안 되어 누나와 매형, 그리고 형수와 선진이가 곧 도착했다. 조금 있다가 대주교님과 보제님이 오셨다. 이틀 전에 홀로 두고 간 도시꼬가 잘 지내는지 보러 온 거다. 하지만 그녀의 모습은 보이지 않고 흙도 채 안 마른 새 무덤만 무심하게 우리를 맞았다. 정교회의 삼오제 기도는 간단하다. 처음으로 도시꼬 무덤에 큰절을 했다. 앞으로는 이렇게 만날 때마다 해야 할 행동이다. 돌아오는 길이 유난히 아름다웠다. 눈 온 뒤의 화창한 태양이 유난히도 밝게 느껴졌다.

어제 그토록 심하게 내리던 눈도, 도시꼬 무덤이 있는 언덕 위에서 삼오제를 지내는 동안 내내 바람 한 점 안 불었던 것도, 이 아름다운 날씨와 눈부시게 빛나는 태양도 모두 도시꼬가 하늘나라에서 우리를 위해 부리는 조그만 기적 같았다. 그녀는 하늘나라에서까지 우리를 보살피는 모양이다. 항상 남을 위한 배려에 세심했던 도시꼬니까 할 수만 있다면 당연히 그렇게 할 여자다. 하지만 돌아오면서 또 한 번의 이별이란 생각과 이런 이별이 조금씩 쌓이면서 우리는 점점 멀어져 가는 거로구나 하는 생각이 들자 찬란한 태양도 아름다운 한강 풍경도 슬프게 느껴졌다.

집에 돌아와 도시꼬 없는 텅 빈 집안에서 홀로 있다 보니 엉뚱한 생각이 들었다. 흑룡의 해에 태어난 도시꼬가 환갑을 맞는 또 다른 흑룡의 해에 용두동 병원을 떠나 용미리 묘지에 묻혔다. 아, 그렇구나. 도시꼬, 너는 이제 60년 동안의 지상 생활을 끝내고 하늘나라로 승천한 한 마리 흑룡이었구나. 그랬기에 그렇게 죽음 앞에서도 의연할 수 있었던 거구나. 그러고 보니 나는 백호 띠다. 한 집안에 흑룡과 백호가 살았던 거로구나. 그런데 이제 흑룡이 없는 백호는 어떻게 될까? 산속 깊은 숲으로 사라져야 하는 걸까?

큰 눈이 온 뒤라 그런지 하늘이 가을처럼 질푸르고 구름 한 점 없이 맑고 깨끗했다. 도시꼬의 영혼은 아마 저 하늘을 닮았을 것이다. 그래서 그녀의 삼오제인 오늘 하늘이 저런 빛깔, 저런 모습을 보이는 거다.

2012년 2월 2일 (목)

이렇게 집에 혼자 있으면 적막함이 나를 짓누른다. 과연 내가 이 외로움을 이겨낼 수 있을까? 모르겠다. 하지만 시간이 흐르면서 세 번째 단계의 이별, 즉 망각이 오지 않을까? 먼저 간 사람을 그리는 일은 그 자체가 이율배반적이다. 그 사람을 기리기 위해서는 잊으면 안 된다. 그러나 그리워하기만 하면서 살아갈 수도 없다. 간 사람은 포기하고 잊어야 하는 존재인지도 모른다. 그런데 그런 망각이 떠난 사람에 대한 배반처럼 느껴지고 매정한 것 같아 마음이 썩 내키지 않기도 한다. 이 모순을 안고 살아가는 것이 남은 사람들의 운명인가? 도시꼬를 잊고 싶지 않다. 그렇지만 다시는 볼 수 없는 사람을 그리워하기만 하면 어찌 할 건가? 시간이 흐르면 잊혀지고 이런 미안한 마음도 조금씩 약해질까? 모르겠다.

적막함을 달래기 위해 도시꼬를 알았던 분들에게 문상에 대한 감사의 편지를 썼다.

궂은 일을 당한 저와 저의 식구들에게 커다란 관심과 사랑을 보여주신 데 대해 감사의 말씀을 드립니다.
여러분들의 격려와 위로의 말이 저희들에게는 슬픔을 극복할 수 있는 큰 힘이 되었습니다.

오늘 삼오제를 치르고 왔습니다.

양지 바르고 넓은 벌판이 내려다보이는 전망 좋은 곳이지요.

언제가 제가 그 옆에 눕겠지요. 고인에 대한 일차적 예의를 모두 치른 지금, 당장은 더 이상 그녀가 고통을 당하지 않는다는 사실에 조금 위로 받고 있습니다.

그리고 마지막 순간까지 남은 사랑하는 사람들과 교감하기 위해 그녀가 보여 준 영웅적 노력이 아주 오래오래 마음에 남을 것 같고요.

몸은 더 이상 그녀 영혼의 뜻을 따르지 않지만 그녀의 영혼은 분명 우리 곁에 있음을 보여 주었으니까요. 그리고 그 후에 그녀에게 찾아든 평화로운 모습은 천사 그 자체였지요.

그래서인지 생각보다 담담하게 그녀와의 이별을 감당해 내고 있는 것 같아요.

더 큰 슬픔과 그리움은 아마도 시간이 좀 더 지나면서 찾아오겠죠.

지금도 그녀가 보이지 않는 곳에서 계속 그녀를 느끼고 혼자서 대화를 시도하는 제 모습이 가끔 슬프기는 해요.

그러나 우리의 이별은 잠시일 뿐 저 역시 저세상으로 가면 다시 만나 더 즐거운 삶을 살아갈 거예요.

그녀의 해맑은 웃음과 아름다운 목소리로 불러 주는 노래도 다시 들을 수 있겠죠.

우선 내일부터 일상 생활로 돌아가 새로운 출발을 하려고 합니다.

1974년 2월 26일, 졸업식

2012년 2월 3일 (금)

수진이가 좋아하는 회전 초밥으로 점심을 먹었다. 이제는 우리 둘뿐이다. 그래서인지 수진이가 바라는 것은 다 들어주고 싶다. 초밥 같은 사소한 것은 더 잘 들어줄 예정이다. 엄마가 비운 자리를 그렇게나마 채울 수 있다면 얼마나 다행이겠는가? 나 혼자 저녁을 먹으러 어머니 집에 갔다. 수진이는 오늘도 친구를 만나느라고 늦는 모양이다. 공연히 수진이가 측은하게 느껴진다. 수진이에게 문자를 보냈다.

아직 할머니 집에 있어. 곧 집으로 갈 거야. 집에 들어갔을 때 엄마의 빈자리가 너무 커서 아주 많이 힘들었어. 특히 처음이라 더 끔찍했던 것 같아. 네가 집에 들어갈 때도 내가 없으면 너도 그렇게 느낄 것 같아 지금 집으로 가려고 해. 힘들더라도 서로 위로해 가며 이겨 나가자. 이제 남은 건 우리 둘뿐이잖니? 힘내자. 엄마가 바라는 게 바로 이런 거라고 생각해. 엄마 생각 많이 하면서도 연약한 자기 연민에 빠지기보다는 꿋꿋하게 극복해 나가는 꿋꿋한 모습을 보여 주자.

2012년 2월 4일 (토)

도시꼬를 위한 9일째 추모 기도식이 있었다. 어머니와 누나, 매형, 형수, 선진이, 그리고 셋째 처제 명희도 왔다. 서광원 씨도 왔다. 참으로 좋은 친구다. 먼저간 도시꼬를 위해 대학 동창 대표로 열심히 모든 추모 행사에 와 준다. 고맙다. 이런 기도를 통해 우리는 떠난 사람을 추모하는 건지 아니면 조금씩 잊는 건지 잘 알 수가 없다. 어쩌면 둘 다인지도 모른다. 추모 행사를 하면서 망자를 점점 멀리 떠나보내는 것 같다는 생각이 든다.

도시꼬가 내게 남긴 가장 귀한 보물은 죽음을 어떻게 맞아야 하는지 보여 준 것이다. 우리는 사랑했다. 하지만 사랑한 것만큼 내가 그녀에게 잘해 준 것 같지는 않다. 그게 바로 그녀를 떠나보낸 뒤 내가 느끼는 가장 큰 회한이다. 좀 더 잘해 주었을 것을……. 좀 더 열심히 그 사람을 지켜주었어야만 했는데……. 이런 아쉬움들이 계속 나를 아프게 한다. 하지만 어쩌겠는가? 하늘에서 하는 일을 연약한 우리가 어쩌겠는가? "울지마, 앙겔레 무! 'Αγγελε, μου"하며 나의 등을 힘없이 쳐 주던 그녀의 모습이 눈물겹도록 사무친다. 이것이 그녀의 마지막 말이었다. 울지 않으리라. 잊지도 않으리라. 아직도 나는 그녀를 사랑하고 또 그녀를 느낀다. 아름다운 사람. 도시꼬, 나도 너에게 걸맞은 사람이 되겠다고 약속할게.

2012년 2월 5일 (일)

이번 주 주보에는 소티리오스 대주교님이 〈우리의 자매 마그달리니 교우를 영원히 기억하시리이다〉라는 제목으로 쓴 추도사가 실렸다.

고인이 된 사랑하는 마그달리니 교우를 오늘 아픈 마음으로 먼저 보냅니다. 저는 35년 전에 고인과 처음 만났고 그 이후로 30년 동안 고인과 함께 주님의 일을 위해 일했습니다. 고인을 생각하니 "온갖 덕망을 지닌 사람은 얼마나 훌륭한 사람인가!"라는 말씀이 떠오릅니다. 고인도 이러한 훌륭한 사람이었습니다. 주님께 속한 사람이었고, 사랑과 자선을 베푼 사람이었고, 기도하는 사람이었습니다. 고인은 마지막 기간 동안에 수도원에 와서 주간의 모든 예배에 참여하고 시간이 있을 때마다 기도를 하였습니다. 마그달리니 교우는 믿음의 사람이었습니다. 고인이 음식을 전혀 섭취하지 못할 때 유일하게 받아들였던 것은 '하늘의 만나'이고 부활의 약인 그리스도의 몸과 피였습니다.

마그달리니 교우는 인내가 강한 사람이었습니다. 고인은 많이 아팠지만 오랜 투병 생활 동안 한 번도 불평을 하지 않았습니다. 주님께서 허락하신 삶을 낭비하지 않고 자신과 남을 위해서 열심히 살았고 교회의 발전을 위해 일한 교회를 사랑한 사람이었습니다. 우리 정교회를 물심 양면으로 도왔고, 우리 정교회의 발전을 위해 고민한 사람이었습니다. 아테네대학교에서 공부한 고인은 교회를 위해 그리스어로 쓰여진 정교회 책들을 한국어로 번역하였고, 우리가 매일 예배에서 부르는 많은 성가를 번역하였고, 지금 우리가 사용하고 있는 최근의 성찬예배서를 역시 아테네대학교에서 박사를 받은 고인의 부군 앙겔로스 유재원 교수와 함께 명확한 어구로 정리해 주셨습니다. 또한 매주 주보의 내용을 번역하였고, 깊은 신학적 의미가 담겨 있고 어려운 그리스어로 쓰인 세계총대주교의 메시지들을 번역하였습니다.

또한 고인은 타인에 대한 배려와 사랑이 있는 사람이었습니다. 예절 바르고 사리에 밝은 사람이었고, 타인의 모범이 된 사람이었습니다. 자애롭고 기다릴 줄 아는 사람이었습니다. 주일 점심 식사 차례나 큰 축일의 식사 후 설거지를 하러 먼저 자리를 잡았습니다. 학식이 높은 사람이었고, 생각도 깊고 성실한 사람이었습니다. 서울 니콜라오스 대성당의 운영위원으로, 대교구의 위원으로 교회 발전을 위해 큰일들을 담당하였습니다. 미덕으로 치장한 사람이었고, 가장 힘들었던 마지막 순간까지도 용감하게 병마와 싸운 사람이었습니다. 고인은 사랑하는 남편과 외동딸과 함께 행복한 가정을 이루었고, 한 가정의 아내로서 훌륭한 내조를 한 사람이었습니다.

고인은 투병 생활을 하면서 육체는 허약해졌지만 에페소인들에게 보낸 편지 3장 17절의 사도 바울로의 말씀처럼 그리스도께서 고인의 마음속에 들어가 사실 수 있게 하였습니다. 그래서 고인은 마지막 기간 동안 사랑에 뿌리를 박고 사랑을 기초로 하여 살았습니다. 이러한 훌륭한 미덕들은 힘든 투병 생활을 하면서 더욱더 빛났습니다. 우리는 주님께 기적으로 고인의 병을 낫게 해 달라고 계속 간청하였습니다. 그러나 주님께서는 고인이 천국에 들어가기에 합당한 결실을 맺은 열매라고 판단하셨습니다.

정교회의 일원 중에서도 특별하고도 선택 받은 고인은 30년 동안 정교회를 위해서 몸과 마음을 바쳐 봉사해 주었습니다. 정교회를 대표해서 감사의 마음을 전하고자 합니다. 이제 고인은 이 세상의 교회에서 승리하여 천상 교회에 속하게 되었습니다. 고인은 축제를 지내는 자들의 노랫소리가 끊이지 않으며 이루 말할 수 없이 아름다운 주님의 얼굴을 바라보는 자들의 기쁨이 무한한 그곳에서 영원한 안식을 누릴 수 있게 되었습니다. 오늘 당신이 가는 길은 복됩니다. 안식의 자리가 당신에게 마련되어 있기 때문입니다.

주님, 고인을 영원히 기억해 주소서!

- 피시디아의 소티리오스 대주교

피시디아는 지금 터키 땅으로 그리스 정교회 신도가 없어 더 이상 활동을 하지 않는 대교구다. 그리스 정교회에서는 은퇴한 대주교에게 이런 교구의 직책을 부여하는 전통이 있다.

도시꼬는 이런 찬사를 받을 자격이 충분한 믿음을 가지고 있었다. 그런 도시꼬가 없는 교회는 슬펐다. 아니, 그녀가 서 있던 교회의 구석구석마다 그녀의 살아생전 모습이 떠올라 견디기 어려웠다. 특히 아기 예수를 안고 있는 성모 마리아 성화 앞에 섰을 때, 그녀가 무릎 꿇고 기도하던 모습이 너무도 선명하게 떠올라 눈물이 솟았다. 아마 얼마 동안은 교회를 올 때마다 사라진 그녀가 나를 맞겠지. 그녀는 항상 믿음이 깊어 교회 안에서 가장 행복한 표정을 지었지. 이런 생각에 더 이상 슬픔을 가누기 힘들어 나는 속으로 기도했다.

Να την απάψεις Θεέ μου, σε παρακαλώ!

주여, 그녀의 영혼에 안식을 주시옵소서!

예배 후, 대주교님께 도시꼬의 장례식을 교회장으로 치러 주신 데 대해 감사의 말씀을 전하는 자리에서 도시꼬의 이름으로 교회에 무언가 뜻있는 일을 하고 싶다고 조심스레 내 의향을 전했다. 그리고 우선 그녀의 유작인《불멸의 양식》과《성서의 메아리》,《정교회를 알고 계십니까?》란 책 세 권을 살아생전 도시꼬를 사랑해 주었던 분들에게 선물로 드리고 싶다는 뜻도 전했다. 그녀가 그리스어를 우리말로 직역을 한 책들이다. 이제 그녀가 없으니 누가 성

경 그리스어와 초기 그리스도교 교부들의 글을 번역할 수 있을까? 도시꼬야말로 국내에서 그쪽 분야의 유일한 전문가였는데……. 아깝다.

1980년, 그리스 모니 페트라키 수도원 방크라티오스 신부님과 함께 켈리 앞에서

2012년 2월 6일 (월)

한국-그리스 친선협회 총회가 있는 날이다. 간밤에 나를 괴롭힌 불면증 때문에 늦잠이 들어 총회에 지각하고 말았다. 회장인 사람이 이런 큰 실수를 하다니 망신이다. 이제는 모든 말과 행동을 더 조심해야겠다. 내가 실수를 하면 사람들은 그것이 도시꼬가 없기 때문이라고 생각할 것 같다. 도시꼬는 절대로 그런 나의 모습을 원하지 않을 거다.

도시꼬가 없는 총회는 허전했다. 수진이가 엄마를 대신해 와 주었지만 도시꼬의 빈자리를 채워 주기에는 역부족이었다. 도시꼬의 부재 때문에 생기는 허전함과 결핍은 아마 상당히 오래갈 것이다.

상실과 그 상실에서부터 오는 상처, 비극을 어떻게 받아들이는가에 따라 나머지 삶의 방향이 결정된다. 누구에게나 예기치 않았던 불운과 불행이 찾아올 수 있다. 문제는 '그 운명을 어떻게 마주하는가'라는 것이다. 그냥 좌절하고 말 것인가? 아니면 이를 극복하고 다시 설 것인가?

2010년 12월 2일, 내린천

2012년 2월 7일 (화)

수진이가 집에 들어올 때마다 텅 빈 공간이 너무 슬프고 외롭게 느껴진다고 강아지를 기르겠다고 해서 동의했다. 나 역시 매번 그런 걸 느끼고 있었기에 수진이를 이해하기는 어렵지 않았다. 강아지 이름은 '해니'다. 새하얀 말티즈 강아지인데 아주 예쁘다.

갑자기 도시꼬가 마지막으로 집을 떠나던 날이 생각난다. 그날따라 나는 그 전날 늦게까지 술을 마시고 들어와 정신이 맑지 않았다. 머리맡에 인기척이 느껴져 눈을 뜨니 그녀가 걱정스러운 눈초리로 내려다보고 있었다. 미안한 마음에 일어나 앉아 보니 그녀의 옆에는 간단한 가방이 놓여 있었다. 원래 그날은 도시꼬가 수도원에 다시 가기로 한 날이었다. 그래서 가방의 존재에 대해 별로 신경을 쓰지 않았다. 그런데 도시꼬가 "너무 아파서 선진이 병원에 가 보려고 해."라고 말했다. 무언가 섬뜩한 기분이 들었다. 나쁜 예감은 맞지 않았으면 좋겠는데 그렇지 않은 게 우리의 삶이다. "병원에?" 나는 되물으면서 적잖이 당황스러웠다. "내가 데려다 줄까?" 하고 묻는 나의 말에는 그 당황함과 미안함, 그리고 불길한 예감이 배어 있었다. "아니, 벌써 콜택시 불러 놨어. 그리고 자기 이번 겨울 여행은 취소하는 게 좋겠어." 이런 말을 하는 도시꼬의 표정은 비장했다. 그녀는 어지간하면 자기의 사정 때문에 나의 계획이나 일정이 바뀌는 것을 원하지 않았다. 그녀를 알고 나서 거의 한 번도 그런 기억이 없다. 혹시 자신이 아파서 내 일에 지장을 주게 되면 몹시 미안해 하고 심지어 속상해 하는 도시꼬였다.

그런 그녀가 정기적으로 가는 여행을 취소하라고 한다. 이는 분명 도시꼬가 자신의 건강에 상당한 위기가 왔음을 직감하고 있다는 증거다. 불길한 예감이 나의 온몸을 싸늘하게 휩쓸고 지나갔다. "자기 많이 아픈 거야?" 내가 조심스레 물었다. "의사 선생님이 내 상태는 언제라도 중환자실로 갈 수 있다고 했어. 내가 여러 번 말했잖아." 도시꼬는 조금은 짜증스럽게 슬픈 어조로 말했다. 그 모습이 너무 쓸쓸해 보여 가슴이 아팠다. 그때 전화 벨 소리가 울렸다. "택시 왔나 봐. 나 갈게." 그 말을 남기고 도시꼬는 그녀만의 단호한 걸음걸이로 문을 향했다. 그 뒷모습이 몹시 아파 보였다. "내가 있다 전화할게." 나는 그렇게 멀어져 가는 그녀의 뒷모습을 향해 말했다. 내 목소리는 공허하게 울려 퍼졌다. 이후로 그녀는 다시 집으로 오지 못했다. 그 순간이 지금에 와서 너무도 후회스럽다.

도시꼬, 미안해.
그때까지도 나는 너의 죽음을 믿고 싶지 않았어.
곧 언제나처럼 다시 회복되어 집으로 올 거라 생각했지.
왜 그리도 어리석었던지……. 미안해.

1978년 부활절, 로도스 린도스

3. 당신의 빈자리

"현실은 끊임없이 그 사람의 흔적을 지우라고 재촉한다.
갑자기 도시꼬가 그리워 그녀의 옷에 얼굴을 묻는다.
희미하게라도 그녀의 냄새가 남아 있을 것 같아…….
그립다. 보고 싶다."

2012년 2월 9일 (목)

오늘은 도시꼬의 흔적을 뒤쫓아가며 하나씩 하나씩 지워 나갔다. 사망에 대한 법적 뒤처리가 만만하지 않다. 동사무소, 등기소, 은행 등을 찾아다니며 휴대전화, 보험, 공과금 자동이체 변경 등을 해야 했다.

무슨 서류가 그리도 많은지……. 망자의 가장 가까운 사람이 가장 먼저 해야 할 일이 그 사람 흔적을 지우는 것이라니, 아이러니하다. 이런 일은 실은 도시꼬가 잘했던 건데……. 이 일을 하는 동안 가장 아쉽고 도움을 받고 싶은 존재가 바로 도시꼬라는 사실에 다시 한 번 상실의 아픔을 느낀다. 들르는 곳마다 진한 체취가 느껴져 그녀가 그리웠다.

그렇게 자취를 지워 나가면서 우리 사이가 점점 더 멀어져 감을 실감했다. 슬픈 날이다. 슬퍼해야 할 사람이 그리운 사람의 흔적을 지우기 위해 이렇게 내키지 않는 일을 열심히 해야 하는 게 정말 싫다. 다행히 철없어 보이던 수진이가 모든 일을 하는 동안 내 옆을 지켜주어 많이 위안이 됐다.

이렇게 가장 가까운 사람에 의해 흔적이 지워지면서 다른 세상의 사람이 되어 간다는 게 정말 비극이라고 생각된다. 그러나 그게 우리의 운명인 것을 어찌하겠는가? 밤과 낮이 하루를 이루듯이 삶과 죽음이 우리의 인생을 비로소 하나로 만든다. 누구도 피해 갈 수 없는 그 길을 그 사람이 조금 일찍 간 것뿐임을 알기에, 그리고 얼마 안 가 우리가 다시 만날 것임을 알기에 헤어짐이 생각보다는 크게 슬프지 않을 수 있었다.

1993년 8월, 암스테르담

2012년 2월 11일 (토)

수진이와 영화 〈부러진 화살〉을 봤다. 이제는 수진이와 더 많은 시간과 삶을 함께해야 한다. 영화를 본 뒤 친구를 만나러 간 수진이가 문자를 보내왔다.

나의 어머니 _ 베르톨트 브레히트Bertolt Brecht

그녀가 죽었을 때, 사람들은 그녀를 땅에 묻었다.
꽃이 자라고, 나비가 그 위로 날아간다……
체중이 가벼운 그녀는 땅을 거의 누르지도 않았다.
그녀가 이처럼 가볍게 되기까지,
얼마나 많은 고통을 겪었을까?

어디서 저런 시를 찾아냈을까? 얼마나 슬프고 괴로웠으면 그랬을까? 답장으로 기형도의 〈빈집〉을 보냈다.

빈집 _ 기형도

사랑을 잃고 나는 쓰네

잘 있거라, 짧았던 밤들아
창밖을 떠돌던 겨울 안개들아
아무것도 모르던 촛불들아, 잘 있거라
공포를 기다리던 흰 종이들아
망설임을 대신하던 눈물들아
잘 있거라, 더 이상 내 것이 아닌 열망들아

장님처럼 나 이제 더듬거리며 문을 잠그네
가엾은 내 사랑 빈집에 갇혔네

2012년 2월 13일 (월)

도시꼬의 흔적 지우기가 대강 끝났다. 마음이 착잡하다. 수진이도 그랬는지 친구 만나러 간다고 하더니 문자를 보내왔다. 문자의 내용은 문정희 시인의 〈겨울 일기〉라는 시였다.

겨울 일기 _ 문정희

나는 이 겨울을 누워 지냈다.
사랑하는 사람을 잃어버려
염주처럼 윤나게 굴리던
독백도 끝이 나고
바람도 불지 않아
이 겨울 누워서 편히 지냈다.

저 들에선 벌거벗은 나무들이
추워 울어도
서로 서로 기대어 숲이 되어도
나는 무관해서

문 한번 열지 않고
반추동물처럼 죽음만 꺼내 씹었다.
나는 누워서 편히 지냈다.
사랑하는 사람을 잃어버린
이 겨울.

불쌍한 수진이, 엄마를 잃는다는 게 아직 실감이 안 나는 모양이다. 하긴 나도 아직 얼떨떨할 뿐 잘 모르겠다.

1983년 2월, 도쿄

2012년 2월 14일 (화)

도시꼬, 너의 어떤 모습을 기억해야 하니? 끊임없이 스쳐 가는 너의 수많은 모습들, 열아홉 소녀 모습부터 임종하기 직전의 창백한 모습까지 종잡을 수 없다. 그 가운데 어느 것이 너의 진정한 모습이란 말이냐?

그녀의 가냘픈 손이 그립다. 아무도 모르게 다정하게 잡아 주던 힘없는 손이 그립다. 그리고 눈이 마주치면 환하게 웃어 주던 그녀의 모습이 그립다. 아, 도시꼬, 너는 어디 있는 거냐?

많이 아파했지. 나중에는 그 모습이 너무 애처로워 어서 떠나가 고통에서 벗어나기를 바랄 정도로 많이 아파했지. 그러면서도 더 이상 나를 보살펴 줄 수 없음에 속상해 하던 너의 모습이 아직도 어른거려. 덧없는 짧은 삶을 되돌아보며 짓던 쓸쓸한 표정을 나는 잊을 수 없을 것 같아.

그리운 사람, 원망이나 하소연 한 번 없이 담담하게 삶의 마지막 날들을…… 모든 것을 내려 놓은 초연한 네 모습은 고매하고도 성스러웠어. 그리고 무엇보다도 쓸쓸해 보였어. 나도 이제 천천히 육신이 없이 너를 보는 데 익숙해져야 하는가 봐.

2012년 2월 15일 (수)

네가 없음으로 생기는 슬픔이 유난한 오늘, 나는 광덕산에 올랐어. 너와 함께 걷던 길들이 너에 대한 기억으로 가득해. 그리고 너의 없음이 곳곳에서 느껴져.

네가 연두색 새싹이 한창 돋던 지난 봄에 "참 예쁘다." 하고 감탄하던 곳을 지나면서 네 생각이 많이 났다. 또 다리에 힘이 없어 쓰러졌던 곳을 지나면서 그때 너의 파리한 모습이 떠올라 가슴이 아팠어. 나와 수진이가 앞서 가면 뒤떨어지면서도 "그냥 가. 나는 천천히 갈게." 하며 말하던 자리에서는 '그때 그 사람이 정말 많이 아팠었구나' 하는 생각이 들어 눈시울이 붉어졌어. 왜 그리도 네가 그리워지는지, 그리고 '지금 곁에 있다면 더 잘해 줄 텐데.' 하는 생각이 드는지…….

도시꼬와 함께했던 수많은 여행들이 생각났다. 둘이서 마지막으로 했던 안면도 나들이는 지난 시월이었으니까 벌써 다섯 달 전이다. 그렇지만 '목신의 오후'에서 지냈던 방이 마치 동화에 나오는 방 같다고 어린아이처럼 좋아하던 것이 바로 엊그제 일인 것 같다. 그때 도시꼬는 해맑게 웃었지.

또 지난 여름 평창에서 보냈던 날들도 잊을 수 없다. 용평 스키장과 알펜시아 스키장, 그리고 케이블카를 타고 올라갔던 산꼭대기는 안개가 많이 꼈었지. 내가 길을 잘못 드는 바람에 들어섰던 험한 오솔길에서 너는 숨가빠했지. 그런 너를 보며 안쓰럽기도 하고 불쌍하기도 했던 나의 속마음을 감추려 노력했지. 그리고 그런 너의 몸 상태도 모르고 내 건강만 생각하고 불쑥 일을 저질러 버린 게 너무 미안하고 죄스러웠지. 주문진 어시장을 보며 "야, 굉장하다. 그리고 모든 게 너무 싸다." 하고 감탄하던 너, 강릉 선교장에서 이렇게 완벽하게 남아 있는 조선 대갓집 건축을 처음 본다며 모든 것을 흥미롭게 살펴보던 너……. 그 모습들을 이제는 더 이상 볼 수 없게 되었구나.

인제군 내린천에서 네가 마지막으로 보았던 겨울, 추운 날씨에도 산책한다며 산길을 걷던 모습, 팔을 활기차게 흔들며 투병 의지를 불태우던 너의 씩씩하고 당찬 모습, 생각만 해도 절로 눈물이 나온다. 그때 너는 비조불통 계곡에서 물을 보면서 내게 말했지. "참, 물도 맑고 공기도 좋지만 무엇보다도 조용해서 참 좋아. 여기는 물소리와 바람소리뿐이야."

나와 너, 그리고 수진이가 함께했던 마지막 해외 여행지, 터키. 한 번은 동부를, 또 한 번은 서부를 일주했지. 숨막히게 더웠던 하란아브라함과 욥, 야곱의 이야기가 서려 있는 터키 남동부의 지역 들판, 웅장한 계곡이 발아래 펼쳐져 있던 '넴루트 다으'터키 동부 아르메니아 산악 지역에 있는 해발 2,150미터 높이의 산. 이곳에는 콤마게네 왕국의 안티오코스 1

세(기원전 70~38년까지 재위)의 무덤이 있음의 산장 테라스, 그날 밤은 보름에 월식까지 있었지. 넴루트 다으의 산정에 올라 추워하던 너의 모습, 이스탄불에서 즐거워하던 너의 모습, 바다가 훤히 보이는 안탈리아터키 남부의 지중해에 있는 항구 식당에서 생선구이 위에 레몬을 짜던 야무진 너의 모습. 모두 그립기 한이 없지만 이제는 잊어야만 하는구나. 그리고 무엇보다도 그림 같이 아름답고 조용했던 페티예터키 남서부 지중해에 있는 항구에서의 아침, 그곳에서 나는 방으로 비쳐 들어오는 아침 햇살을 듬뿍 받으며《터키, 1만 년의 시간 여행》의 마지막 원고를 썼고, 너는 침대에 누워 화창한 햇살이 비치는 바다를 바라보며 행복한 표정을 지었지. 그 책이 결국 네가 살아 있는 동안 내가 쓴 마지막 작품이 되고 말았구나.

2011년 8월 3일, 용평 알펜시아

2012년 2월 16일 (목)

새로운 기쁜 소식이나 잘한 일이 있으면 가장 먼저 알리고 칭찬을 받고 싶은 사람, 도시꼬. 그 사람이 더 이상 내 곁에 없다. 어째 인생이 재미가 없을 것만 같다.

문득 문정희 시인의 시구절처럼 나도 이 겨울을 누워서 편히 지내야만 할지도 모르겠다. 그러나 현실은 끊임없이 그 사람의 흔적을 지우라고 재촉한다. 갑자기 도시꼬가 그리워 그녀의 옷에 얼굴을 묻는다. 희미하게라도 도시꼬의 냄새가 남아 있을 것 같아……. 그립다. 보고 싶다.

2012년 2월 18일 (토)

오늘은 그리스 정교회에서 돌아가신 모든 분들을 위한 추모의 기도를 합동으로 드리는 '영혼 토요일'이다. 저녁 여섯 시, 성 막시모스 소성당은 일찍 떠난 가족을 위해 기도하러 온 신도들로 가득했다. 그들은 능숙한 솜씨로 고인을 추모하고 미리 준비해 온 '콜림바'정교회에서 장례식이나 추도식 때 준비하는 약식 비슷한 케이크를 제단 앞에 갖다 놓았다. 나는 그런 준비가 필요한 것조차 몰라 빈손으로 갔다. 그러나 아타나시아 선교사가 그런 경우를 예상하고 내 대신 콜림바를 준비해 두었다.

2012년 2월 27일 (월)

도시꼬를 생각하며

그리운 사람,
하소연 한 번 없이 담담하게 자신의 마지막 날들을 마주한 사람,

끊임없이 밀려드는 외로움과 죽음의 짙은 그림자를
조용한 미소와 다정한 손길로 보듬던 사람,

내가 연약해지려 하면
단호하게 거부하던 그녀,

모든 힘을 소진하여 비틀거리며 일어서면서도
깜빡 잠든 내게 담요를 덮어 주던 사람,

마지막 순간까지
자신의 원칙에 충실했던 사람,

차라리 자기 연민에 빠졌거나 유약해졌더라면
내 그리움이 덜했을지도 모르는데……

의연하지만 한없이 부드럽게,
"앙겔로스 울지 마. 그리고 약한 이야기하지 마.
그러면 내가 슬퍼지니까……" 하고 말하던 그녀,

그 모습이 아련해서
가슴이 미어지네.

2012년 3월 10일 (토)

오늘 교회에서 도시꼬의 추모식을 가졌다. 정교회 전통은 고인이 떠난 지 40일이 되는 날을 기념하여 추모를 한다. 우리나라의 49제에 해당하는 날이다. 그러나 보통 평일에는 사람들이 모이기 힘들어서 보통은 40일이 지난 첫 토요일에 가족들이 모여 추모 기도를 하고 다음날인 일요일에 추도 예배 후 친척과 친지들이 모여 추모식을 한다. 기도하는 내내 해맑게 웃는 도시꼬의 모습이 떠올라 슬펐다. 그리고 또 한 번 도시꼬의 부재가 현실로 다가왔다.

추모식이 끝났을 때 그리스에서 대부 요르고스는에게서 전화가 왔다. 그리스에서도 오늘 도시꼬를 기리는 추모식이 있었는데 많은 사람들이 모여 도시꼬를 기리는 가운데 자신이 도시꼬에 대한 추모사를 했다고 전했다. 대부의 말로는 100명에 가까운 사람들이 모였다고 한다. 모두들 도시꼬의 착한 성품과 깊은 신앙심을 기억하며 그녀의 죽음을 가슴 아파했지만 이제는 하느님의 나라에서 안식을 취하고 있을 그녀를 생각하며 위안 삼았다고 했다. 그렇게 먼 나라에서도 도시꼬를 못 잊어 하는 분들이 많다는 것에 감사의 마음이 들었다.

2012년 3월 11일 (일)

오늘 교회에서 예배 후 도시꼬의 추모식을 가졌다. 암브로시오스 대주교께서 고인을 추모하는 짧은 말씀을 해 주셨다.

영원히 기억될 우리 마그달리니 마은영 자매는 하느님으로부터 부여 받은 풍성하고 희귀한 재능을 남다른 성실로 갈고 닦아서는, 더 발전시키는 한편 그 재능을 주변 사람들을 위해 헌신적으로 바쳤습니다.

고인은 가정교육에서부터 주변 사람들에게 봉사하는 것이 몸에 밴 사람이었습니다. 그랬기에 서울대학교와 아테네대학교에서 문학을 전공한 재원임에도 불구하고 또다시 사회복지학을 공부하여 사회복지사로 활동했습니다. 이는 고인이 어려운 처지에 있는 사람들을 조금이라도 더 잘 도우려는 마음에서 우러난 행동이었습니다.

고인에 대해 우리는 할 이야기가 한없이 많지만 저는 그녀의 고귀한 정신력과 믿음에 관한 것 한 가지만 말씀을 드리겠습니다. 고인은 신앙심이 두텁고 하느님과 정교회에 대한 사랑이 깊었습니다. 이는 다음과 같은 사실들에 의해 분명하게 드러납니다.

첫째, 마그달리니 자매가 그리스 유학을 끝내고 돌아온 1980년대 초부터 잠들기 직전까지 교회를 위해 이루어 낸 엄청난 양의 업적이 남아 있습니다. 고인은 진정한 믿음으로 고인의 반려자 앙겔로스 유재원 교수와 함께 정교인으로 세례를 받았고, 그 후 한국 정교회의 발전을 위해 헌신하기를 그친 적이 없습니다. 고인은 말을 앞세우기보다는 행동으로 보여 주었습니다. 교회를 위해 좋은 아이디어들만 제시한 것이 아니라, 그리고 남들이 한국 정교회 발전을 위해서 무엇을 할 수 있는가를 말하기보다는 고인 스스로가 구체적으로 무엇을 할 수 있는가를 먼저 생각했습니다. 우리 교회를 위해 그리스어와 영어로 된 그 많은 책들을 우리말로 옮기는 데 그녀가 들인 시간을 누가 계산해 낼 수가 있겠습니까? 수십 년을 한결같이 보이지 않는 곳에서 묵묵히 일해 온 그녀의 태도는 소박함과 겸손 그 자체이며, "왼손이 한 것을 오른손이 모르게 하라"마태 6:3는 하느님의 말씀을 행동으로 옮긴 것이었습니다.

둘째, 하느님과 교회를 향한 마그달리니 자매의 크나큰 믿음과 사랑은 이승에서의 삶을 마무리하는 마지막 순간, 누구나 영혼의 참모습을 드러내게 되는, 그런 참으로 고통스러웠던 순간에서도 증명되었습니다. 이승에서의 삶이 끝나 간다는 것을 깨달았을 때, 고인은 주치의의 지시에 따르는 한편, 깊은 믿음으로 자신의 목숨을 하느님의 손에 맡겼습니다. 그녀는 끊임없이 하느님과의 소통을 이어 나가려 했습니다. 그래서 많은 시간을 우리 수녀원에서 기도와 묵상으로 보냈습니다. 고인은 수녀원의 예배와 기도 예식 안에서, 그리고 또 그녀가 사랑하고 존경했던 소티리오스 대주교님의 가까이에 머묾으로써 영혼의 안식을 얻었습니다. 하느님을 향한 그녀의 사랑이 특별했던 것은 병마가 불러일으키는 극심한 고통 속에서도 매일 새벽같이 일어나 예식에 빠지지 않고, 그것도 선채로 참석했다는 것입니다. 그러다가 아픔이 참기 어려울 때면 신자 좌석에 잠시 앉았다가는 다시 일어서서 기도문을 외고 아가티 자매수녀와 함께 성가를 불렀습니다.

그 후 병세가 악화되자 그녀는 집을 떠나 병원으로 옮겼고, 그곳에서 하느님을 신비롭게 마주하는 삶을 살았습니다. 우리가 그녀를 위해 성찬을 가지고 병원을 찾아갈 때마다 우리는 하느님을 향한 그녀의 믿음과 사랑에 탄복했습니다. 거의 매일같이 그리스도의 살과 피인 성찬을 모시려는 열망과 또 성찬을 모시기 전후로 읽는 기도문과 성가를 모두 함께하려는 그녀의 열정은 고인에게 그녀의 무거운 십자가를 의연히 들어올릴 힘을 주었습니다. 우리는 한 번도 그녀의 얼굴에서 고통으로 일그러진 표정을 본 적이 없습니다. 그녀는 아무에게도 그녀를 괴롭히는 엄청난 아픔에 대해 불평한 적이 없습니다. 고인은 통증 때문에 침대에 누워 있어야 했음에도 불구하고 모든 고난을 기도와 손에 쥔 '콤보스히니'κομποχοίνι kompochoini, 정교회 교인들이 기도할 때 쓰는 매듭으로 된 묵주로 견뎌냈습니다. 그런 그녀를 보며 우리는 이렇게 스스로 물었습니다. "어떻게 항상 저렇게 입가에 미소를 잃지 않을 수 있을까?", "얼굴이 어떻게 저토록 환하고 맑을 수 있을까?", "저렇게 아픈데도 어떻게 모든 이에게 친절하고 찾아온 사람들을 병실 문밖까지 배웅해 줄 수 있을까?", "어떻게 죽음을 겁내지 않고, 보통 사람들은 그런 것을 생각조차 하기 두려워할 텐데 자신의 무덤을 구상하고 장례식에 올 사람들이 불편하지 않도록 세심하게 배려하고, 자신의 영정 고르기와 같은 온갖 것에다 신경을 쓸 수 있을까?" 삶의 마지막 날들 동안 병원에서 고인이 보여 준 침묵의 성스러운 삶은 의사, 간호사, 그녀의 가족, 나아가 우리 모두에게 귀감이 되었습니다. 고인은 1월 27일 새벽 2시에, 성자들처럼 마지막 숨을 평화롭게 거두었습니다. 그녀의 침상 곁에서 우리가 '망자를 위한 기도'를 드리며 'δι' εὐχῶν'디 에프혼, 정교회에서 예식이나 기도식을 끝낼 때 마지막 문장을 시작하는 관용구과 '아멘'을 말한 직후였습니다. 그녀의 성스런 안식은 그녀가 삶에서 그렇게도 확신했던 주의 부활에 대한 우리의 믿음을 더 굳건히 해 주면서 그곳에 있던 모든 이에게 부활의 평화를 가져다주었습니다.

우리의 사랑스런 마그달리니 자매여, 아직 이승에 남은 우리는 하늘에 간 그대의 기도를 필요로 합니다. 그대에게 원하오니, 신의 뜻을 좇아 한국 정교회의 발전을 기도해 주시오.

우리는 언젠가 다시 만날 겁니다. 그때까지 안녕히……

Τῷ Ἐλλογιμωτάτῳ κυρίῳ Ἀγγέλῳ Γιού, Καθηγητῇ Γλωσσολογίας, τέκνῳ τῆς ἡμῶν Μετριότητος ἐν Κυρίῳ ἀγαπητῷ, χάριν καὶ εἰρήνην παρὰ Θεοῦ.

Πλήρεις συγκινήσεως καὶ ἀναμνήσεων προαγόμεθα διὰ τῶν μετὰ χεῖρας Πατριαρχικῶν ἡμῶν Γραμμάτων ὅπως ἐκφράσωμεν ὑμῖν τὰ συλλυπητήρια τῆς Μητρὸς Εκκλησίας καὶ ἡμῶν προσωπικῶς διὰ τὴν κοίμησιν τῆς προσφιλοῦς συζύγου ὑμῶν ἀειμνήστου Μαγδαληνῆς Μά, ἡ ὁποία συνεδέθη στενῶς μετὰ τοῦ καθ᾽ ἡμᾶς Οἰκουμενικοῦ Πατριαρχείου κατὰ τὴν ἐπίγειον ζωὴν αὐτῆς.

Δεόμεθα, καθὼς προνοεῖ ἡ Ἐκκλησία ἡμῶν, ὑπὲρ ἀναπαύσεως τῆς ψυχῆς αὐτῆς ἐν σκηναῖς δικαίων καὶ ἐν χώρᾳ ζώντων, καὶ ὑπὲρ ὑμῶν τῶν ἐκλεκτῶν οἰκείων αὐτῆς, ὅπως τὴν ὑμετέραν θλῖψιν κουφίζῃ ἡ ἐλπὶς τῆς κοινῆς Ἀναστάσεως καὶ τῆς συναντήσεως ἐν τῷ φωτὶ τοῦ προσώπου τοῦ Κυρίου καὶ Θεοῦ καὶ Σωτῆρος ἡμῶν Ἰησοῦ Χριστοῦ.

Συλλυπούμενοι ἐκ βάθους καρδίας ἀπὸ τῆς Μητρὸς Ἐκκλησίας, τὴν ὁποίαν μετὰ τοσαύτης ἀγάπης περιέβαλεν ἡ ἀείμνηστος, εὐχόμεθα ὑμῖν τὴν παρὰ τοῦ θανάτῳ τὸν θάνατον πατήσαντος Χριστοῦ παραμυθίαν καὶ πᾶσαν εὐλογίαν ἐν τῷ ὑπολοίπῳ βίῳ, ὥστε ἡ ψυχὴ τῆς ἐκλιπούσης νὰ χαίρῃ βλέπουσα πάντας ὑμᾶς πορευομένους ἐν ἀγαθότητι, ἀγάπῃ, ὁμοψυχίᾳ καὶ ὁλοτελεῖ ἁγιασμῷ.

Ἐπὶ δὲ τούτοις, ἀπονέμοντες ὑμῖν ὁλόθυμον τὴν Πατριαρχικὴν καὶ πατρικὴν ἡμῶν εὐλογίαν, εἰς ἐνίσχυσιν, ἐπικαλούμεθα ἐφ᾽ ὑμᾶς τὴν Χάριν καὶ τὸ ἄπειρον Ἔλεος τοῦ κυριεύοντος τῆς Ζωῆς καὶ τοῦ Θανάτου Θεοῦ ἡμῶν.

,βιβ' Φεβρουαρίου ς'

διάπυρος πρὸς Θεὸν εὐχέτης

바톨로메오스 세계총대주교의 추모 서한

추모사를 끝내신 뒤 암브로시오스 대주교님은 바톨로메오스 세계총대주교께서 나에게 보내신 도시꼬에 대한 추모 서한을 직접 전해 주셨다. 순간, 나는 세계총대주교께서 이런 추모 서한을 보내셨다는 것을 전혀 몰랐었기에 적잖이 놀랐다. 세계총대주교님께서 믿음이 깊었던 도시꼬를 기억하시고 이렇게 개인적인 추모 서한을 보내신 것은 고인은 물론 우리 유가족에게도 큰 영광이었다.

하느님의 은총과 평화에 힘입어 사랑의 주님 안에서 항상 겸손한 우리들의 영적 자식이며 친애하는 앙겔로스 유재원 교수님께,

동방 정교회의 세계총대주교로서 이 서한을 통해 살아생전에 어머니 교회인 세계총대주교청과 항상 밀접한 관계를 맺어 오신 당신의 배우자 마그달리니 마은영 님의 영면永眠에 대해 감동과 추억으로 가득한 마음으로 세계총대주교청과 나의 개인적인 애도의 말을 전합니다.

항상 우리 교회가 해 왔듯이, 고인의 영혼이 생명의 나라와 정의로운 사람들의 안식처에서 휴식을 누릴 수 있도록, 또 선택 받은 고인의 훌륭한 가족을 위하여, 우리의 주님이시며 구원자이신 하느님 예수 그리스도의 빛 안에서 우리 모두의 부활과 재회의 희망이 당신의 슬픔을 덜어 내 줄 수 있기를 빕니다.

영원히 기억될 고인이 사랑으로 감쌌던 우리 세계총대주교청은 마음 깊은 곳에서부터 슬픔을 느끼며 당신에게 죽음으로 죽음을 멸하신 그리스도의 위로와 남은 생애 동안 모든 축복을 받아 먼저 떠난 고인의 영혼이 덕망과 사랑, 화목함과 완전한 축복 속에서 당신의 삶이 계속되는 것을 보고 기뻐할 수 있기를 빕니다.

아울러 당신에게 영적 아버지이자 세계총대주교로서의 모든 축복을 전하면서 죽음과 삶을 주관하시는 하느님의 한없는 은총과 축복이 당신에게 내리길 진심으로 기도 드립니다.

2012년 2월 6일

하느님을 향해 열정으로 기도 드리는 바톨로메오스

이어서 한국 정교회 신도 일동이 도시꼬의 영정에 바치는 '추모 감사패' 전달식이 있었다. 도시꼬를 대신하여 추모 감사패를 받는 심정은 복잡하기만 했다. 기쁘고 축하해야 함이 마땅하면서도 떠나간 그 사람을 생각하면 서럽고 섭섭하기도 했다. 추모 감사패에는 다음과 같은 글이 적혀 있었다.

후세의 영광을 굳게 믿고 기다리나이다.

Προσδοκῶ ἀνάστασιν νεκρῶν.

마그달리니 마은영 교우를 추모하며

고인께서 남다른 사랑과 특별한 재능으로
성 니콜라스 대성당의 발전을 위해
많은 봉사를 하셨기에 그 뜻을 높이 기리며
진심으로 감사와 사랑의 마음을 전합니다.

2012년 3월 11일

한국 정교회, 성 니콜라스 대성당 신자 일동

끝으로 나는 추모식에 오신 분들에게 그동안 준비했던 도시꼬의 사진들을 보여 주었다. 항상 밝은 표정을 지으며 웃던 살아 있을 때의 그녀 모습이 화면 위로 계속 지나가면서 행복했었던 시간들을 떠올리게 했다. 그녀를 기리는 말을 할 때 몇 번 눈물이 나의 말을 막았다. "마그달리니가 죽음으로 우리에게 보여 준 것은 죽음은 두렵고 나쁜 것만이 아니라 그 나름대로 하느님의 축복이고 어떤 점에서는 좋기도 한 것이라는 사실입니다. 그녀는 우리에게 죽음과 어떻게 맞설 것인가 하는 본보기를 보여 주었습니다." 이렇게 말하는 나를 도시꼬는 하늘나라에서 어떻게 보고 있을까? "그렇기에 슬픔은 크지만 견딜 만한 것이 됩니다. 이제 그녀가 우리들의 천사가 돼서 우리를 보살펴 줄 겁니다. 그리고 우리는 언젠가 저 하늘나라에서 다시 만날 것입니다." 나는 말을 마쳤다. 그리고 한동안 가만히 서 있었다. 그런 말을 하고 있는 나 자신이 현실감이 없게 느껴졌다. 과연 내가 이 커다란 상실을 무사히 넘길 수 있을까? 시간이 갈수록 슬픔과 도시꼬의 없음의 있음이 더 절실하게 커져 간다면 어찌할 것인가?

내일이 도시꼬의 환갑날이기에 식구들과 함께 간단한 회갑연을 갖기로 했다. 도시꼬는 떠나갔지만 나는 조촐하게 그녀의 환갑을 기념하고 싶었기 때문이다. 건강하게 살아 있었다면 모두에게 조그만 기쁨이 될 수도 있었던 날이다. 하지만 자신의 환갑잔치에도 도시꼬는 없었다. 다시 한 번 외로움이 나를 감싼다. 이제는 제법 익숙한 외로움이다.

도시꼬, 네가 떠난 빈자리만큼 외로움이 커져 가지만 그것은 피할 수 없는 현실이야. 남은 사람은 떠난 사람을 위해서라도 마음을 굳게 먹고 이를 견뎌 내야 하겠지. 죽음이 우리를 갈라놓아도 언젠가는 다시 만날 거라는 걸 알기에 슬픔을 견딜 수 있다. 다만 이제는 더 이상 너와 함께 울고 웃을 수 없다는 것이 나를 힘들게 해. 너의 없음의 있음이 가슴을 메어지게 한다. 그것이 내게 시련이다. 하지만 다시 만남에 대한 희망을 갖지 못한다면 우리의 삶은 타락한 천년왕국일 뿐이다.

2012년 3월 12일 (화)

오늘 그리스 사랑방 모임에 가서 강연을 했다. 큰일이 일어나도 우리의 일상생활은 계속된다. 다만 예전처럼 내가 하는 모든 일들을 같이 기뻐하고 고민하고 슬퍼해 줄 짝이 사라졌을 뿐이다. 언제쯤이나 내 스스로 '슬퍼하고 있는 나'를 객관적인 차가운 눈으로 볼 수 있게 될까? 그때쯤은 도시꼬를 잊었을까? 그렇다면 그때야말로 내가 도시꼬를 영원히 잃는 것이 아닐까? 순간적으로 나도 훌쩍 떠나 버리고 싶다는 생각이 들 때가 있다. 도시꼬가 보아 주지 않는 삶을 꾸려 나가는 게 별 의미가 없어 보인다. 내가 너무 과거에 매달리는 걸까? 과연 언젠가는 슬픔을 거부할 수 있을까? 하지만 아직 삶에 충실하기 위해 도시꼬를 잊고 싶지 않다. 그녀를 영원히 내 마음속에 잡아 두고 싶다. 적어도 내가 살아 있는 동안은 비록 내 마음속에서나마 그녀의 존재가 항상 같이 하기를 바란다.

술을 마셨다. 도시꼬의 환갑이라는 사실이 더 현실적으로 다가왔다. 그녀는 내가 술 마시는 걸 싫어했었지. 그런데 정작 그녀에 대한 그리움 때문에 나는 술을 마시고 있다. 이 무슨 아이러니인가? 하지만 도시꼬, 네가 있었다면 나는 지금 홀로 술 마시고 있지 않고 너와 함께 어느 고급 식당에 마주 앉아 있겠지. 슬프다. 그리고 그립다. 가만히 그 옛날 도시꼬와 함께 불렀던 자작곡을 불러 본다.

그녀는 말없이

그녀 말없이 다가와
꿈처럼 속삭여 주다
잔설 녹는 이른 봄에
입가의 미소처럼 갔네

연둣빛 새싹이 이슬을 머금어
햇빛에 반짝일 때면
가만히 눈 들어
하늘을 보네
맑고 맑은

꺼져 가는 황혼 위에
떨어지는 어둠 속을
퍼져 가는 저 종소리
또 한 번 하늘을 보게 하네

가사가 마치 도시꼬가 나를 먼저 떠날 것을 암시하는 듯해서 다시 슬퍼졌다. 도시꼬, 어디 있는 거야?

2012년 3월 16일 (금)

오늘 도시꼬의 무덤에 교회에서 만들어 준 공헌비를 세웠다. 공헌비는 까만 옥석 위에 "후세의 영광을 굳게 믿고 기다리나이다" Προσδοκῶ ἀνάστασιν νεκρῶν라는 구절이 새겨져 있었다. 안토니오스 부제의 주관 아래 성하나 군과, 김지민 군, 함윤식 군이 묘지로 함께 가서 도왔다. 무거운 공헌비를 짊어지고 가파른 언덕길을 두 번씩이나 오르내린 제자들이 고맙다. 공헌비까지 세우고 나니 도시꼬의 무덤이 제법 자리를 잡은 모습이다. 갈 때마다 느끼는 것이지만 참으로 양지 바르고 전망이 좋은 곳이다. 다시 한 번 도시꼬와 작별인사를 할 때, 또 슬픔이 왔다. 언제까지 이렇게 이별이 가슴 아플까?

예배가 끝났을 때 아타나시아 선생님이 《Πάντα τα Έθνη》모든 민족란 그리스어 잡지를 주었다. 잡지에는 아타나시아 선생님이 기고한 도시꼬에 대한 상당히 긴 추모 기사가 실려 있었다.

경기도 용미리 그리스 정교회 묘지 공원에 있는 고인의 묘지

2012년 4월 2일 (월) 새벽

도시꼬, 네가 가고 나서 내 생활이 엉망이 됐어. 다 내 탓이야. 이러면 안 되는 줄 알면서도 자제가 잘 안 돼. 너의 없음의 있음이 말없이 나를 괴롭히는 것 같아. 수진이는 내가 이러는 모습에 짜증을 내. 내가 마지막으로 지었던 노래의 가사가 생각나. 그런데 묘하게도 멜로디는 생각이 나지 않아서 답답해. 네가 있었더라면 멜로디를 기억해 내고 같이 부를 수 있었을 텐데…….

그리움

그대 모습 아련히
내 눈가에 어리면
서러운 그리움은
내 마음을 적시고
내 눈가도 적시네

무르익던 그 사랑은
갑자기 끝났네
한 번 떠난 그 사람

언제 다시 오려나
다시 못 볼 그 사람
그리움을 어이하리
흐느끼는 이 한밤
어이하리

돌아서는 그 모습
다가오는 그 모습
하나 되어 내 눈가엔
서러움만 어리네

2012년 4월 5일 (목)

도시꼬가 간 뒤 첫 한식을 맞아 수진이와 도시꼬의 무덤에 다녀왔다. 아직은 서툴러서 제대로 준비해 간 것이 하나도 없었다. 그래서 도시꼬에게 미안했다. 다음번에는 좀 더 정성껏 준비를 하고 가야겠다. 무덤 앞에서 사진을 찍는데 수진이의 표정이 어두웠다. 엄마를 잃었다는 감정을 감추려고 하지만 잘되지 않는 것 같아 안쓰러웠다.

집에 와서 책장에서 막스 뮐러의 《독일인의 사랑》을 꺼내 머리말을 다시 천천히 읽었다.

> 일찍이 자기 생애에서, 지금은 지하에서 잠들어 있는 이가 바로 얼마 전까지 쓰던 책상 앞에 앉아 본 경험을 갖지 않은 사람이 어디 있을까?
> 또 지금은 묘지의 평안 속에서 안식을 찾아 누워 있는 한 인간의 가슴속의 성스러운 비밀들이 여러 해 동안 감추어져 있던 설합들을 열어 보는 경험을 해 보지 않은 사람이 어디 있을까? 그 안에는 그가 사랑하는 이가 그토록 소중히 여겼던 편지들이 놓여 있다. 또 사진들, 리본들, 그리고 페이지마다 표시가 된 수많은 책들, 이제 누가 그것들을 읽고 해명할 수 있을까? 빛바래어 뿔뿔이 흩어

진 이 장미 꽃잎들을 누가 다시 뜯어 맞추어, 신선한 향기가 나도록 소생시킬 수 있을까?

얼마 전까지만 해도 이 구절은 남들의 이야기였다. 그러나 이제는 내 이야기가 되었다. 나의 슬픔이 되었다. 기가 막히게 애절하고 아름다운 글이다. 같이 이 구절을 읽던 도시꼬는 이제 차가운 땅 밑에 있다.

막스 뮐러는 인도-유럽 언어학을 전공한 전문가이며 동시에 신화학자다. 나 역시 그리스에서 인도-유럽 언어학을 공부했고 신화에 빠져 있다. 그런 내가 막스 뮐러처럼 사랑하는 사람을 앞세우고 슬퍼하고 있으니 이게 우연인지 모르겠다. 우연치고는 아주 얄궂다.

2012년 5월 26일 (토)

도시꼬의 영면에 대해 개인적으로 추도의 편지를 보내 주신 세계총대주교님께 짧게 감사의 답장을 썼다. 살아생전에 도시꼬는 세계총대주교님의 사랑을 각별히 받았던 사람이다. 아마 지금쯤은 세계총대주교님의 기도로 하늘나라에서의 생활도 편하게 하고 있을 거라는 생각에 마음이 가볍게 느껴지기도 했다. 하지만 한구석으로는 갑자기 그리움이 몰려와서 한동안 멍하니 앉아 있었다. 보고 싶었고 또 한 번 정답게 대화를 나누고 싶었다. 그러나 어디를 봐도 도시꼬는 없었다. 쓸쓸한 토요일 오후였다.

1980년대, 한국 거실

1980년, 그리스 델포이 아폴론 신전

4. 그대 내 곁에

" 도시꼬, 그리운 이름, 보고 싶다.

그러나 너는 다시 오지 않겠지.

그래도 괜찮아.

이제 너는 좋은 곳에서 편하게 지내고 있을 테니까.

난 그거면 충분해.

도시꼬, 안녕……."

2012년 7월 8일 (일)

방학이 되기도 했고 또 곧 여행을 가기로 되어 있기 때문에 다시 한 번 수진이와 도시꼬의 무덤에 다녀오기로 했다. 예배가 끝난 뒤에 조촐한 꽃다발과 간단한 음식을 준비해 도시꼬의 무덤에 갔다. 이제는 떼도 제법 자라서 보기에 좋았지만 지난번 다녀갈 때 꽂아 놓은 꽃들이 시든 채로 꽂혀 있었다. 아마 우리가 아니면 아무도 안 찾을 거라는 생각이 들어 마음이 아팠다. 혼자서 외로이 있을 도시꼬를 위해서라도 더 자주 와야겠다. 그리고 다른 무덤보다 더 예쁘게 꾸며 주어야겠다. 그래서 수진이와 상의한 끝에 무덤가에 조그만 나무 두 그루를 심기로 했다.

돌아오는 길에 수진이는 엄마를 찾아온 게 참으로 잘한 것 같다며 좋아했다. 이제 도시꼬와의 만남은 우리가 무덤을 찾는 것 이외에 다른 방법이 없구나 하는 생각이 들었다. 마음이 조금 안 좋았다.

2012년 7월 17일 (화)

1년 만에 그리스로 가는 건데도 기분과 느낌이 많이 다른 것은 아마 내 주변에 일어난 큰 변화 때문이리라. 처음으로 도시꼬 없이 짐을 쌌다. 모든 게 서툴고 시간이 많이 걸렸다. 아니 그보다도 세세한 데까지 신경 쓸 일이 적지 않았다. 도시꼬가 말없이 챙겨 주었던 뒷바라지가 얼마나 중요했던가? 그녀가 떠난 뒤 새로운 경험을 많이 한다. 그리고 그때마다 그녀에 대한 그리움을 절실히 느낀다. 이번에 여행을 하다 보면 그녀에 대한 미련을 좀 잊을 수 있을까? 아니면 가는 곳마다 그 사람의 없음의 있음이 보일까? 가 보면 알게 되리라.

버스가 인천공항을 향해 출발한다. 여행의 시작은 항상 무언가 불안하기 마련인 모양이다. 그렇게 수없이 반복해도 사라지지 않는 이 불안은 무얼까? 살아서 떠나는 여행이 이럴진대 저세상을 향해 떠나는 길은 얼마나 불안할까? 죽음은 돌아오지 못하는 여행이다. 죽음도 가벼운 마음으로 떠나는 여행처럼 하는 게 가능할까? 성 프란체스코나 천상병 시인 같은 분들에게는 가능할지도 모르겠다.

이번 여행은 도를 닦는 자세로 다녀 보리라. 그리스는 심하게 구겨진 땅이라 잠깐 사이에 자연의 모습이 급격히 바뀌는 곳이다.

그리고 어디나 지겨울 정도로 일관되게 태양이 지글지글 끓는다. 굴곡이 심한 해안을 따라 난 길은 짙푸른 지중해 빛깔을 배경으로 아름답다. 특히 바닷가에서 보는 석양은 눈물이 날 정도로 감동적이다. 그리고 바로 그 아름다운 시간이 더 위기다. 복받치는 감정의 소용돌이에 휩싸이면 걷잡을 수 없게 될 테니까…….

2012년 7월 23일 (월)

메테오라의 아기오스스테파노스 수도원그리스 북부에 있는 메테오라 지방의 가장 구석에 있는 수녀원 이름. 뒤뜰의 한 그루 나무 아래 도착했을 때, 그녀의 환하게 웃는 모습이 뚜렷하게 떠올랐다. 금방이라도 "앙겔레, 여기 다시 오니까 우리들 젊은 시절이 생각나. 그때 우리는 정말 행복했었어."라고 속삭여 줄 것 같았다. 그녀가 그리웠다. 아, 도시꼬, 보고 싶다.

황혼 무렵, 델포이에 갔을 때도 그 옛날 뜨거운 태양 아래 야무지게 걷고 있는 젊고 건강한 도시꼬의 모습이 떠올랐다. 이번 여행에서는 어딜 가나 도시꼬와 함께했던 옛 추억이 떠오른다. 아마 생명보다 끈질긴 것이 추억인 모양이다. 도시꼬, 이번 여행은 너에 대한 끈질긴 추억의 연속일 것만 같다.

1978년, 메테오라의 아기오스스테파노스 수도원 안뜰에서

2012년 7월 24일 (화)

올림피아는 여전히 조용하고 아름다운 모습을 하고 있어. 유적지에서 호텔로 돌아오는 길에 네가 그리워 일행과 헤어져 나 홀로 예전의 박물관 건물을 찾았어. 그 앞에서 해맑은 웃음을 지으며 행복해 하던 네 모습을 다시 떠올리고 싶었기 때문이야. 그리고 그런 기대는 조금도 어긋나지 않았어. 예전의 그 문 앞에서 너는 여전히 젊은 그 모습으로 서 있었어. 너를 바라보는 모든 사람들을 행복하게 만들어 주던 미소를 머금은 채로……. 자신감에 넘치는 너만의 독특한 표정에 위엄 어린 우아함을 보여 주는 모습이 참 보기 좋았는데…….

이제는 그런 너의 모습을 다시는 볼 수 없겠지. 다시 천천히 건물을 끼고 내려오다가 산불에 옛 모습을 완전히 잃어버린 크로노스 언덕을 보며 우리의 시절이 끝났음을 다시 한 번 느꼈어. 아, 올림피아여, 너는 알고 있지. 우리가 서로를 얼마나 사랑했고 행복하게 살았던가를……. 그런데 이제 너는 나에게 도시꼬 없는 삶을 살라고 하네. 흔해 빠진 표현대로 '오아시스 없는 사막 같은 삶'을 살라 하네. 희망이 사라진 세상이 얼마나 지겨운가를 모르는 것처럼…….

2012년 7월 25일 (수)

황혼이 질 무렵에 코로니그리스 펠로폰네소스 반도의 남서쪽 끝에 있는 항구. 베네치아인들이 세운 아름다운 성이 있음에 도착했어. 바닷가의 성채는 예전처럼 아름답게 빛나고 있었지만 바람이 세게 불어 바다가 흰 거품을 내며 거칠게 숨쉬고 있었지. 우리가 이곳에 처음 왔을 때가 1977년 부활절 때니까 35년 만에 온 거네. 우리는 젊음을 제대로 즐겼지. 도시꼬, 너는 떠나갔지만 여행은 아직도 너의 젊은 모습을 생생하게 떠올리게 만들어. 하지만 그때의 초라하던 어촌은 사라지고 화려한 관광촌이 들어섰어. 교회는 옛 모습 그대로이고…….

2012년 7월 26일 (목)

아침에 메토니코로니보다 조금 더 서쪽에 있는 항구. 여기에도 베네치아인들이 세운 아름다운 성이 있음에 갔었어. 아치 사이로 아침 햇빛을 듬뿍 받아 빛나는 팔각탑은 역시 절경을 보여 주더군. 파란 하늘 아래 파도로 주름진 파란 바다를 보면서 또 옛날의 너를 생각했지. 이번 여행길은 너와의 첫 그리스 여행과 겹쳐서인지 유난히 네 생각을 많이 하게 되네.

미스트라스그리스 펠로폰네소스 스파르타 근교에 있는 유적지로 비잔티온 제국의 마지막 황제 가문의 영지의 골목길을 걸을 때 너와 꼭대기에 있는 빌라르두앵의 윌리엄 2세William II of Villehardouin, 제4차 십자군의 일원으로 그리스에 와서 펠로폰네소스 반도 남부를 다스렸던 프랑크 출신 백작(? ~ 1278년)의 성까지 올라갔던 생각이 났어. 그 정상에서 우리는 말없이 타이케토스 산그리스 펠로폰네소스 남부 스파르타 근처의 산을 봤지. 날은 더웠고 바람은 시원했지. 단체와 함께 와서는 앞으로도 절대 그 높은 데까지 갈 수 없을 거야.

스파르타의 원형극장 터는 그때나 지금이나 거의 아무도 찾지 않는 곳이지. 예전에 그곳이 우리 둘만의 공간이었던 것처럼, 이번에 우리가 갔을 때도 우리들만의 공간이었어. 다만 폐허의 돌들이 복원을 위해 분류번호가 붙은 채 가지런히 정리되어 있는 게 변화

라면 변화랄까? 여전히 쓸쓸하고 호젓했지. 그래서 나에게는 더 좋았는지도 몰라. 유적지 입구에 있는 축구장 앞의 레오니다스제2차 페르시아 전쟁 때 테르모필라이에서 스파르타 결사대 300명과 함께 전사한 스파르타의 왕 상은 여전히 메두사 머리가 새겨진 방패를 들고 위풍당당하게 "ΜΟΛΩΝ ΛΑΒΕ!"와서 가져가라!를 외치며 서 있었지.

저녁 늦게 땅거미가 지는 시간에 나프플리오에 도착했을 때 팔라미디온 성은 조명을 받아 웅장한 모습을 하고 있었고 베네치아의 산 마르코 광장의 축소판인 신다그마 광장은 여전히 뒷골목에 숨어 있었어. 너와 머물렀던 여관은 어디에 붙어 있는지 찾을 길이 없었어. 아마 이제는 문을 닫아 없어졌는지도 몰라. 세월이 많이 흘렀잖아.

1982년, 터키 에페소스 극장 앞

2012년 7월 27일 (금)

아침 햇살을 받은 티린스펠로폰네소스 반도 서안에 있는 그리스 미케네 시대의 항구 도시 궁전 터는 변한 게 하나도 없었어. 그리고 한낮에 도착한 미케네의 대책 없는 햇빛, 그늘을 찾아볼 수 없는 언덕, 흰 벽 위에 떨어지는 태양, 예전에 너와 그 뙤약볕에 앉아 썼던 노랫가락이 떠올랐어.

저 태양은 너무 밝고
세상은 고요한데
흰 벽 위에 떨어지는
태양이 눈부셔서

먼 하늘 흐르는 구름을
찾아보려 해도
어릴 때 보던 그 구름을
찾으려 해도

세월이 흘러 가듯
나도 떠나와서

어쩌면 다시는
못 볼지 몰라

조바심하며 실망하며
또 정신 차려
저 하늘을 바라보니
조그만 새털구름

그때 너는 "아 덥다. 모든 게 눈부시네. 투명한 대기가 만들어 주는 넓은 시야, 적막함과 정적, 이 모든 게 인간으로 하여금 생각하게 만드는 것 같아."라고 말했지. 그래, 아직도 미케네의 뙤약볕은 많은 걸 생각하게 만들어. 그런데 그 눈부신 태양 아래 빛나던 우리의 젊음은 어디로 갔는지, 그리고 너는 또 어디로 갔는지…….

2012년 7월 28일 (토)

오늘 아크로폴리스에 올랐어. 너와 수없이 올랐던 그곳의 모습도 이제는 조금 달라졌어. 아크로폴리스 언덕 위에 더 이상 박물관은 없지, 새로 지은 건물로 옮겨 갔기 때문인 건 알고 있지?

오후에 수니온그리스 아티카 반도의 가장 남서부에 있는 곳에 가면서 그 옛날 라브리온고대 아테네의 은광이 있던 곳으로 지금은 산업 도시로 탈바꿈했음에서 수니온까지 걸었던 추억이 떠올랐어. 아, 그때 함께했던 안토니오와 노타는 어디에 있는지? 언젠가 안토니오가 죽었다는 이야기를 들었어. 그리고 너도 떠나갔고……. 이제 우리의 날들은 지나가고 새로운 세대의 시절이 왔음을 절실히 느껴.

1970년대, 마라톤 근처에서 안토니오와 함께

2012년 7월 29일 (일)

그리스 본토를 답사하는 중에 어디를 가나 도시꼬의 없음의 있음이 보였다. 도시꼬와 함께했던 곳으로 갈 때마다 젊고 행복한 표정으로 나를 향해 웃어 주는 그녀의 모습이 보였다. 아테네에 도착하니 그런 증상은 더욱 격렬하게 다가왔다. 가장 많은 추억을 간직한 곳이니 그럴 수밖에 없었다. 세월은 가도 추억은 그곳에 머물러 있는 거로구나. 참으로 오래 걸릴 것 같다. 그 다정한 모습을 잊는다는 건……. 어쩌면 못 견딜 수도 있겠다는 생각을 애써 떨쳐 버려야만 했다.

도시꼬, 여기 그리스 사람들은 내게 묻지. 너와 헤어지고 어떻게 지내냐고. 나는 괜찮아. 이대로 괜찮아. 다만 너를 다시 볼 수 없다는 게 너무 힘들 뿐이야.

2012년 8월 1일 (수)

대부네 집에 들러 도시꼬의 사진을 함께 봤다. 대모인 마히가 계속 눈물을 닦았다. 사진을 다 보았을 때 마히가 조용히 말했다. "한번은 내가 마그달리니가 걱정돼서 전화를 했는데, 마그달리니가 오히려 자기는 괜찮다며 나를 위로했었지. 정말 어디서 그런 용기가 나오는 건지…… 앙겔레, 네 부인은 그런 사람이었어."

그 순간, 나는 아무 대답도 할 수 없었다. 그리스에 와서 도시꼬를 알던 사람들과 고인에 대해 이야기하다 보면 그녀가 얼마나 훌륭한 인품의 소유자였던가를 새삼 깨닫게 된다. 그녀를 알던 모든 사람들이 그녀의 고매한 성품과 희생 정신, 남에 대한 배려심과 불굴의 의지, 맺고 끊음이 분명한 사리 판단과 단호한 결단력, 솔선수범하여 실천하는 자세, 친절함을 칭송해 마지 않는다. 그럴 때마다 그런 그녀를 지켜주지 못한 자책감이 다시 나를 감쌌다.

내가 도시꼬를 잊을 수가 있을까? 아마 힘들 것이다. 그녀는 나의 전부였기 때문이다. 그녀와만 할 수 있는 이야기가 너무 많다.

2012년 8월 4일 (토)

그리스를 여행하면서 나는 비로소 도시꼬의 의미를 확실히 깨달았다. 그녀는 단순히 인생의 동반이나 반려자가 아니었다. 그 이상의 의미를 가지고 있었다.

나의 삶 가운데 그 어느 것도 도시꼬와 연관되어 있지 않은 것이 없었다. 특히 그리스에서 보낸 유학 시절의 삶은 구석구석까지 철저하게 두 사람의 공유물이었다. 우리는 함께 걸었고 함께 기뻐하고 아파하고 웃고 울었다. 그 시절 나는 도시꼬를 통해 세상을 바라보았고 주변의 삼라만상을 느꼈고 나의 자아와 꿈을 실현시켰다. 그녀는 또 다른 나였다. 나의 일부가 아니라 전부였다. 이제 그녀가 떠나갔다는 것은 이 모두가 사라졌음을 의미한다. 도시꼬란 존재의 상실은 나 자신의 자아 상실을 의미한다. 이제 둘이 함께 간직했던 우리들만의 비밀과 추억을 나 홀로 지켜야 한다. 이것이 그녀가 더 이상 내 곁에 없다는 것의 의미다. 과연 나는 도시꼬가 없는 세상을 살아갈 수 있을까? 이를 극복하려면 나는 다시 태어나야 한다. 처음부터 새로운 인생을 다시 시작해야 한다. 이제 나의 삶은 도시꼬가 가지고 떠나려 하는 것을 안 잊혀지게 지키는 거다. 그러면서도 도시꼬 없는 새로운 삶을 꾸려 나가는 방법을 찾아가는 거다. 아, 도시꼬, 나는 과연 이 일을 해낼 수 있을까?

내가 잃은 게 사랑이라는 대상이라면 다른 대상을 찾으면 되겠지. 하지만 내가 잃은 건 사랑하는 사람과 맺었던 모든 관계들이다. 사랑은 길들이는 것이기에, 다시 사랑하려면 모든 것을 처음부터 다시 시작해야 하는데 나는 아무래도 그럴 자신이 없다.

1978년 여름, 아테네 디오니소스 극장

2012년 8월 5일 (일)

타시아를 만났다. 여름에는 여간해서 아테네에서 지내려 하지 않는 그녀가 도시꼬를 잃은 나의 슬픔을 위로해 주기 위해 일부러 자킨토스그리스의 서해인 이오니아 바다에 있는 섬에서부터 온 거다. 1981년 타시아가 남편을 잃었을 때 우리는 자주 그녀를 찾아가 같이 아픔을 나누었는데 이제는 그녀가 나의 아픔을 나누기 위해 어려운 걸음을 했다. 그 당시 그녀는 "Θα οργανωθώ."나 자신을 재정비할 거야라고 말하곤 했었다. 이제 그 말의 뜻을 알 것 같다. 그때 타시아는 지금의 나처럼 많이 힘들었던 거였다. 나를 만나면 항상 "우리가 못 만난 동안 어떤 책을 봤는지 말해 봐." 하고 문학과 철학을 논하기 좋아하는 그녀였지만 이번에는 가만히 나를 보며 말이 없었다. 그리고 "너하고 마그달리니는 정말 잘 어울리는 짝이었는데……" 하며 말을 잇지 못했다. 지난 여름 자킨토스의 그녀 별장으로 갔던 생각이 났다. 그때 그녀는 "사랑하는 사람을 잃는 것은 정말 어려운 일이야. 앙겔레 무, 마음을 단단히 먹어야 해."라고 말했다. 하지만 그때까지만 해도 나는 도시꼬를 정말 잃을 거라는 생각이 들지 않았다. 그러나 이제 도시꼬는 떠나갔다. 인간은 그 당시 나처럼 항상 불행을 애써 외면하며 자신의 판단이 옳았다고 믿고 싶어 한다.

2012년 8월 14일 (화)

그리스에서의 마지막 밤이다. 아테네에 머무는 동안 맨 위층에 있는 시야 좋은 아파트를 빌려 준 친구 '스타모스'에게 다시 고마움을 느낀다. 이곳에 있으면 아무도 나를 볼 수 없지만 나는 저 멀리 바다까지 확 트인 시야를 즐길 수 있어 좋았다. 이런 호젓한 곳의 열린 공간은 우리에게 자유를 준다. 가파른 언덕에 자리 잡은 그리스의 도시나 마을에는 이런 특권을 누릴 수 있는 호젓한 공간이 많다.

어느 해인가 볼로스 근처에 있는 마그리니차라는 마을에서 도시꼬와 나는 그런 여관에서 부활절 휴가를 보냈다. 그런 곳에서 인간은 남의 시선을 의식하지 않아도 되는 자유를 얻는다. 그리고 생각도 자유로워진다. 그곳에서 아무것도 하지 않고 그냥 앉아 있으면 생각들이, 아주 좋은 생각들이 홀로 찾아온다. 아무것도 기억하지 않아도 추억들이 찾아온다. 그런 곳에서 사랑하는 사람과 단 둘이 있게 되면 행복의 진정한 의미를 비로소 깨닫게 된다. 아무것도 서두를 필요가 없고 남의 눈을 의식하지 않아도 된다는 해방감과 오직 사랑하는 사람만을 위해 모든 것을 해 줄 수 있다는 행복감이 자신을 감싼다. 그러나 그런 공간에 외기러기가 되어 다시 왔을 때 외로움은 극대화되고 그리움은 한없이 커져만 간다. 아직도 에덴

동산 같은 그곳에서 할 수 있는 일이란 좋았던 시절을 되새기는 일뿐이다. 그리고 적어도 한때나마 그런 즐거움을 가졌었다는 점에서 아직도 행복함을 깨닫게 된다. 지고의 행복은 사랑하는 사람이 떠나가도 아름다운 추억이 되어 남아 있는 이를 행복하게 해 준다. 하지만 집으로 가도 도시꼬의 없음이 다시 나를 기다릴 것을 생각하니 서글픈 생각이 든다.

오디세우스에게는 집에 돌아갔을 때 페넬로페가 기다리고 있었지만 나에게는 창백한 도시꼬의 추억만 남아 있을 것이다. 사랑이 그 대상을 잃었을 때, 아직도 사랑일 수 있을까?

이번 그리스에서 나는 그 어느 때보다도 도시꼬를 가까이 느끼고 많이 생각했다. 도시꼬와의 추억을 정리하기 위해서 이번 여행은 꼭 필요한 것이었는지도 모른다.

여기 그리스에서는 나와 도시꼬, 둘뿐이었다. 그래서 어디를 가든 도시꼬와 단 둘이서 이야기할 수 있었다. 한국에서 우리는 수많은 사람들 사이에 있었기에 서로를 잘 볼 수 없었다. 지금 생각해 보니 왜 내가 그것을 깨닫지 못했는지 답답하다. 도시꼬가 내게 얼마나 소중하고 귀한 존재인지 미처 모르고 살았던 것 같아 가슴이 아프다.

세상에 대한 아무런 미련이나 한을 남기지 않고 떠나간 사람, 후세의 부활에 대한 희망과 하늘나라에서의 영생에 대한 굳은 믿음을 보여 주고 간 사람, 그러므로 나는 슬퍼하지 않아야 한다. 그럼에도 그녀가 없음에 아쉬움을 한없이 느낀다. 그녀만이 진정으로 나를 이해해 주었고, 또 그녀만이 나를 위로해 줄 수 있었기에 그녀가 떠난 지금 내가 외로움을 느끼는 것은 어쩔 수 없는 일이다. 도시꼬는 나의 이정표이자 목적지였다. 이제 과녁이 사라졌으니 화살은 어디를 향해 날아가야 할까?

1982년 여름, 그리스 오시오스 루카스 수도원

2012년 9월 7일 (금)

엊저녁, 처음으로 꿈에서 도시꼬를 보았다. 환하게 웃으면서 즐겁게 떠드는 모습이 아주 행복해 보였다. 그래서 내가 그녀에게 "자기 그런 모습이 너무 좋아. 요새 그런 모습을 볼 수 없어 섭섭했었는데 같이 있으니까 너무 좋아."라고 말했다. 너무 생생해서 꿈 같지 않았다. 신기한 건 꿈속에서 나는 그게 꿈인 걸 알았다는 거다. 심지어 이미 저세상 사람인 그녀가 나와 함께 있는 게 걱정까지 됐다. 그럼에도 너무 즐거웠다. 어떻게 그녀를 이제는 그녀의 제자리인 저세상으로 다시 돌려보낼 수 있을까 하고 걱정하다가 꿈에서 깼다. 우리는 그 사람이 있을 때보다 없을 때 그 사람을 더 잘 기억할 때가 있는 것 같다.

2012년 9월 8일 (토)

오늘은 성모 마리아의 생신이자 우리의 결혼 기념일이다. 그래서 교회에 가서 예배를 보고 도시꼬의 무덤으로 가기로 했다. 하지만 간밤에 끔찍한 불면증으로 말미암아 늦게 일어났다. 뒤늦게 교회에 도착해서 암브로시오스 대주교님과 이로 선생님과 함께 묘지로 갔다.

일기예보는 큰비가 올 거라고 했지만 하늘은 오히려 비 온 뒤의 특유한 맑음을 간직하고 있었다. 대주교님께서 "마그달리니 교우가 조그만 기적을 만든 것 같아요."라고 하시며 안도의 표정을 지었다. 묘지에는 떼가 제법 잘 앉아서 보기에 좋았다. 대주교님을 따라 망자를 위한 기도식을 치르고 다 함께 우리나라 식으로 모두 큰절을 했다. 준비해 간 꽃이 유난히 아름답게 보였다.

집으로 오면서 이제 도시꼬에 대한 추모의 글을 마무리할 때가 왔다고 생각했다. 이렇게 우리 사이를 정리하는 까닭이 무얼까? 잘 기억하려는 걸까 아니면 잘 잊으려는 걸까? 남은 사람들이 계속 살기 위해 먼저 간 사람을 잊으라는 것은 살 가망성이 높은 사람들을 위해 살 가망성이 낮은 사람들을 희생해야 한다는 논리처럼 천박해 보인다. 그런 기억 속의 살인은 하고 싶지 않다. 사랑하는 사람에 대한 모든 추억을 잊고 나서 찾는 일상생활의 안정이 무슨 의미가 있겠는가? 차라리 그 기억을 간직한 채 슬픔과 그리움 속에서 사는 것이 훨씬 행복할 것이다. 도시꼬에 대한 추억은 이제 나의 일부가 되어 계속 마음속에 살아 있을 것이다. 그렇지 않아도 모든 기억과 추억은 세월의 흐름에 따라 조금씩 바래 가다가 아주 희미해지고 끝내는 잊혀질 것이다. 애써 내가 지우려 하거나 잊으려 하지 않으련다. 그리스의 대문호 카잔자키스가 말했듯이 이 세상의 어떤 것도 죽은 자보다 더 사랑을 필요로 하는 존재는 없으니 나는 계속 그녀를 사랑할 거다.

마지막 작별 인사를 하기 위해 도시꼬에게 편지 한 장을 썼다.

도시꼬, 이제 너를 내려놓을 때가 된 것 같아.

이 무거운 짐을 지고는 남은 날들을 살아갈 수 없을 것 같으니까……

너는 마치 미궁 깊은 곳에 숨어 있는 미노타우로스처럼 내 마음속 깊은 곳에 숨어 있어.

나는 그런 너의 흔적과 잔상을 낱낱이 들춰내고 싶었어.

이번 그리스 여행 기간 동안 너와 나눈 수많은 이야기들은 이제 너를 놓아 주기 위해 반드시 필요했던 건지도 몰라.

그리고 수진이에게 우리가 서로를 얼마나 사랑했는지를 꼭 알려

주고 싶어.

그게 수진이에게 엄마를 영원히 기억하게 하는 가장 좋은 방법인 것 같아.

도시꼬, 그리운 이름, 보고 싶다.

그러나 너는 다시 오지 않겠지.

그래도 괜찮아.

이제 너는 좋은 곳에서 편하게 지내고 있을 테니까……

난 그거면 충분해.

도시꼬, 안녕…….

이제 도시꼬의 사진을 연대순으로 정리하는 일을 해야겠다. 다행히도 우리 둘은 젊어서부터 여행을 많이 해서 충분한 양의 사진이 남아 있다. 사진을 스캔하면서 나는 또 도시꼬와 가까워질 것이다. 그리고 그녀가 좋아했던 음악들도 모아 봐야지. 도시꼬와 나는 아직도 나눌 것이 많은 사이이다.

이력서

이름 마은영

생년월일 1952년 3월 12일

주소 경기도 안산시 단원구 고잔동 푸르지오 306동 1104호

주민등록번호 520312-2063620

학력 및 경력

1970년 2월 이화여자고등학교 졸업

1970년 3월 서울대학교 문리과대학 영문학과 입학

1974년 2월 서울대학교 문리과대학 영문학과 졸업

1974년 3월 경인에너지 주식회사에 번역사로 입사

1975년 9월 8일 결혼

1976년 9월 위 회사에서 퇴사

1976년 11월~1978년 7월 그리스 아테네대학교 부속 어학원에서 그리스어 초급, 중급 및 고급 과정을 마침

1978년 8월 그리스 데살로니키대학교 발칸연구소 주최 summer school program에서 5주간 교육 받음

1978년 10월~1982년 6월 그리스 아테네대학교 철학대학 현대 그리스문학과 박사과정에서 수학

1983년 3월~1987년 7월 성공회신학교 및 총회신학교에서 헬라어(신약성서 그리스어)를 가르침

1987년 8월부터 현재 종교서적, 아동 문학, 소설 등 다수의 작품을 그리스어에서 한국어로 번역함. 바톨로메오스 정교회 세계총대주교(1990년, 1995년, 2000년 3번 방문함) 및 바코야니스 그리스 아테네 시장 방한(2006년) 때에 통역을 맡음

1988년 9월 서울 올림픽 기간 동안 그리스어 공식 통역사로 일함

1989년 1월 15일 딸 수진이 탄생

2004년~2007년 그리스-한국어 사전 편찬 작업

2002년 1월~12월 안산시 상록구어머니합창단 회장 역임

2004년 1월~12월 안산시 소비자정보대학 제4대 총동문회 회장 역임

2007년 3월~2008년 2월 안산공과대학교 부설 사회교육원에서 사회복지학을 전공하여 '제2급 사회복지사' 자격 취득

2007년 1월~2010년 12월 안산시 여성발전위원회 위원

2009년 1월~12월 안산시 상록구어머니합창단 회장 역임

2009년 8월~2011년 7월 안산시 예산참여주민위원회 위원

2012년 1월 27일 새벽 2시 영면함

'마그달리니 마은영'의 승천 일주기를 맞아 쓰는 추모의 글

1970년 3월 2일, 한 여학생이 내게 다가와서 "신입생 오리엔테이션 장소가 어디예요?" 하고 물었습니다. 그 여학생의 인상은 참으로 좋았습니다. 그 여학생이 바로 저의 배우자가 되어 40여 년을 함께한 고 마그달리니 마은영이었습니다. 대학 연극반에서 다시 만나 인연을 맺어 학교를 함께 다니며 둘이 연애했던 시절, 그 후 결혼을 하고 함께 그리스로 유학 가서 보냈던 시절, 여행도 많이 하고 공부도 원 없이 했던 시절이 지금도 또렷이 기억납니다. 그 시절에 우리는 행복했습니다. 하지만 병마가 그녀를 우리에게서 빼앗아 갔습니다. 벌써 그녀가 우리 곁을 떠나간 지 1년이 됩니다.

오늘 우리는 고 마그달리니 마은영을 다시 만나기 위해 이 자리에 모였습니다. 이 자리에서 우리는 다시 한 번 마그달리니 마은영을, 그리고 살아생전 그녀와 맺었던 인연과 함께했던 시간들을 되새겨 보려 합니다. 우리는 그녀에 대한 아름다운 추억을 잘 다듬어서 영원히 간직할 것입니다. 살아 있는 사람은 길가에서 우연히 마주칠 수 있지만 이미 우리 곁을 떠난 사람은 이렇게 특별한 자리를 마련해야만 만날 수 있습니다. 아마 여러분들 가운데 대부분은 오늘을 마지막으로 다시는 그녀를 만나기 어려울 것입니다. 모든 만남이 결국 헤어짐으로 끝나게 마련이지만 이미 세상을 떠난 사람과의 이런 만남은 만남 자체보다도 헤어짐을 확실하게 하기 위한 자리가 될 것입니다. 그렇습니다. 고인과의 만남은 이렇게 항상 헤어지기 위한 의식입니다.

고인은 깨끗하고 맑은 영혼의 소유자였습니다. 항상 해맑은 웃음으로 주변 사람들을 행복하게 해 주는 사람이었습니다. 남을 먼저 생각하는 배려와 모든 일을 솔선수범하는 적극적인 성격의 소유자였습니다. 무엇보다도 제게는 헌신적인 아내인 동시에 가장 훌륭한 친구였고 조언자였습니다. 저의 공부를 뒷바라지하기 위하여 좋은 직장을 그만두고 그리스로 함께 유학을 떠났습니다. 유학하는 동안에도 고인은 항상 저보다 먼저 일어나 아침을 준비하고 제가 학교로 간 뒤에 집안일을 다 처리하고 뒤늦게 학교로 가서 공부를 하다가 저보다 먼저 집에 가서 저의 점심 식사를 준비했습니다. 저를 위하여 자신의 공부를 희생했던 것입니다. 그리고 제가 논문을 쓰면서 만난 문제점들을 자기 일처럼 함께 토론하고 언제든지 저의 걱정을 함께 나누었습니다. 뿐만 아니라 남들이 알아볼 수 없을 정도로 난필인 저의 글을 항상 또박또박한 글씨로 대필해 주었습니다. 또 제가 《순 우리말 역순 사전》을 편찬할 때에도, 《그리스어-한국어 사전》을 편찬할 때에도 항상 제 곁에서 함께 동고동락했습니다. 솔직히 제가 이룬 업적의 반 이상은 고인의 몫입니다.

유학 뒤 귀국해서 생활이 어려울 때에는 여러 대학교에 시간 강사로 나가 그리스어를 가르치는가 하면 어린 학생들을 가르치며 경제적 도움을 주기도 했습니다. 그러나 수진이가 태어나자 아이를 키우기 위해 그 모든 일을 그만두고 육아와 살림에만 집중했습니다. 고인이 수진이와 저를 위해 한 헌신적 희생은 결코 잊을 수 없습니다.

고인은 가정에 충실했을 뿐 아니라 자신이 속한 사회에 대해서도 헌신적으로 일했습니다. 음악을 좋아하고 노래 부르기를 즐겼던 고인은 '안산시 상록구어머니합창단'에서 활동하면서 두 번이나 회장직을 맡아 합창단을 발전시켰습니다. 또 지역 사회의 발전에도 깊은 관심을 가져 '안산시 여성발전위원회'의 위원과 '안산시 예산참여주민위원회'의 위원을 역임하였고, '안산시 소비자정보대학'의 제4대 회장을 맡기도 했습니다.

또 고인은 어려운 일을 겪는 사람들을 위해 자신이 무엇을 할 수 있는가를 항상 고민하는 사람이었습니다. 여생을 사회복지를 위해 헌신하려고 늦은 나이에 안산공과대학교 부설 사회교육원에서 사회복지학을 공부하여 제2급 사회복지사 자격을 취득했습니다. 병마로 말미암아 그녀의 이런 꿈은 이루어지지 못했습니다. 참으로 안타까운 일입니다.

끝으로 고인은 믿음이 강한 사람이었습니다. 주일날이면 어김없이 교회에 예배를 보러 왔을 뿐 아니라 교회의 행사에는 빠짐없이 참석하여 온갖 궂은일을 마다하지 않았습니다. 부활절이나 성탄절에 성당을 청소하고 아름답게 꾸미는 일은 물론 교인들을 위한 음식을 장만하는 일부터 설거지까지 솔선수범하여 봉사했습니다. 아직도 어느 부활절에 새벽 4시까지 피곤해 하면서도 설거지하던 모습이 눈에 선합니다.

고인의 교회에 대한 봉사는 이에 그치지 않았습니다. 고인은 자신의 뛰어난 그리스어 실력을 바탕으로 그리스어로 쓰여진 성가를 한국어로 번역했을 뿐 아니라 깊은 신학적 의미가 담겨 있고 어려운 그리스어로 쓰인 세계총대주교의 메시지들을 도맡아 번역했습니다. 또 매주 주보의 내용도 번역했습니다. 지금 우리가 사용하고 있는 성찬예배서 역시 우리 부부가 유학을 끝마치고 귀국한 해인 1983년에 저와 함께 번역한 것입니다. 그때 저와 함께 얼굴을 마주하고 번역하던 일이 기억납니다. 또 고인은 적지 않은 정교회 신학

서적들을 번역했습니다. 고인은 이 일을 조금도 생색을 내지 않고 자기 일처럼 조용히 해 나갔습니다. 그랬기에 여러분들께서 지금 여기에서 보시는 적지 않은 수의 책이 나올 수 있었습니다. 이 방면에서 그녀의 부재는 쉽게 채워지지 않을 공백으로 남아 있을 것입니다. 안타까운 일입니다만 받아들여야 하겠죠.

고인이 떠난 지금 많은 사람들이 그녀의 없음의 있음에 가슴 아파하고 있습니다. 특히 저의 딸 수진이와 제가 그렇습니다. 고인이 생애 마지막 날들을 보내는 우리에게 보여 준 영웅적 모습은 아직도 저의 뇌리에 생생하게 남아 있습니다. 담담하게 죽음에 맞서던 그녀의 모습은 저에게 그녀가 좋아하던 그리스의 유명한 시인 카바피스의 시 한구절을 떠올리게 합니다.

Σὰν ἕτοιμος ἀπὸ, σὰ θαρραλέος,
오래전부터 준비한 것처럼, 용감하게
ἀποχαιρέτα την, τὴν 'Αλεξάνδρεια ποῦ φεύγει
떠나가는 알렉산드리아에 작별을 고하라.

그녀는 정말로 준비된 듯, 용감하게 죽음을 맞았습니다. 참으로 성스럽고 감동적인 죽음이었습니다. 이제 우리가 할 수 있는 일은 언젠가는 우리 모두가 하느님의 나라에서 다시 만날 것을 확신하였기에 비겁하지 않게 당당한 모습으로 떠나간 그녀의 이런 영웅적인 모습을 영원히 기억하는 일뿐입니다. 그녀는 우리에게 죽음을 어떻게 맞아야 하는가를 보여 주었습니다. 그러기에 저는 그녀의 죽음을 슬픔으로만 맞지 않을 겁니다. 저는 앞으로도 계속 그녀를 사랑할 것입니다. 그리스의 대문호 카잔자키스의 말대로 이 세상 어떤 것도 죽은 자보다 더 사랑을 필요로 하는 존재는 없으니까요.

사랑을 하면 우리는 노래가 됩니다. 이제 저는 끝으로 그녀에게 이렇게 인사하고 싶군요.

Καλή αντάμωση στη βασιλεία του ουρανού, Μαγδαλινή!

하늘나라에서 다시 만나, 도시꼬!

고맙습니다.

2013년 1월 26일

수진이 아빠, 앙겔로스 유재원

1982년 여름, 비엔나의 다뉴브 강변에서 해맑게 웃고 있는 도시꼬의 모습이다.

2010년 겨울, 카파도키아. 이 여행이 우리 가족의 마지막 해외 나들이였다.